AF603213

GABRIEL VAUTHIER

NOTICES
DE MADAME CAMPAN
SUR SA FAMILLE

VERSAILLES
LIBRAIRIE LÉON BERNARD, 17, RUE HOCHE
M. DUBOIS, SUCCESSEUR

1924

(Extrait de la *Revue de l'Histoire de Versailles et de Seine-et-Oise*)

25e Année 1923, pp. 19 à 31, fasc. 1, pp. 170 à 183, fasc. 2,
et pp. 244 à 264, fasc. 3.

Gabriel VAUTHIER

NOTICES
DE MADAME CAMPAN SUR SA FAMILLE

VERSAILLES
LIBRAIRIE LÉON BERNARD, 17, RUE HOCHE
M. DUBOIS, SUCCESSEUR
1924

NOTICES

DE MADAME CAMPAN

SUR SA FAMILLE

Les souvenirs intéressants que nous offrons à nos lecteurs ne sont pas inédits, dans le sens rigoureux du mot. Ils ont été imprimés à Bordeaux entre 1915 et 1918 (1); mais ils n'ont pas été mis dans le commerce, et il est à regretter que l'auteur, trop modeste, n'ait pas voulu en faire profiter le public.

C'est grâce à la parfaite bonté de sa veuve et de son fils que nous pouvons en donner les extraits les plus importants (2). Il est donc juste de rendre tout d'abord hommage à l'arrière-petit neveu de Mme Campan, qui, ayant en sa possession une copie de ces notices, ne s'est pas contenté de les mettre au jour, mais, au prix des recherches les plus minutieuses et suivant les exigences de la méthode historique, les a enri-

(1) Edouard HARLÉ, *Livre de famille, recueil de documents sur ma famille;* ont paru : *Seconde partie, famille de ma mère* (Bordeaux, impr. Wetterwald, 1915 et 1916-1918, 2 vol. de X-322 p. et VIII-429 p. in-8o), et : *Troisième partie, famille de ma femme* (Ibid., 1914, un vol. de IV-135 p. in-8o); ces trois volumes ont été tirés sur papier d'Arches, à petit nombre.

(2) Le texte *in extenso* des Notices de Mme Campan a été publié par M. Ed. HARLÉ au t. Ier de la *Seconde partie* de l'ouvrage ci-dessus indiqué, pp. 3-122; nous avons jugé superflu de le reproduire intégralement et nous contentons de donner les passages présentant le plus d'intérêt pour l'histoire générale; les autres sont remplacés par des extraits ou des analyses qu'indique un caractère typographique plus petit. Enfin, on ne s'étonnera de constater quelques différences de détail entre le texte que nous publions et celui de M. Harlé : « La minute de cette pièce, dit ce dernier dans son introduction, appartient aux enfants de mon oncle Léon Partiot [*descendant de la famille Gamot*]. J'en possède une copie que j'ai collationnée, mais pas autant que je l'aurais voulu, et dont le texte est celui que je vais donner. Une dizaine de personnes, dont plusieurs ne sont pas de la famille, en ont aussi copie ». Avant d'avoir communication de l'ouvrage de M. Harlé, nous avions pu copier un de ces exemplaires : il y a quelques différences entre les deux versions; nous ne tenons pas compte des plus légères; nous mettons entre crochets ou signalons en note les variantes les plus importantes de l'édition Harlé. Les notes non signées sont empruntées à celle-ci; l'abréviation (*V.*) indique les notes qui nous sont personnelles.

chies d'éclaircissements et de pièces d'archives qui en font un monument élevé en l'honneur d'une des plus belles familles d'autrefois. Or, cette famille a vécu auprès de Louis XVI; elle a été honorée de la bienveillance de Marie-Antoinette; elle a été appelée aux honneurs par Napoléon; elle a compté, entre autres membres connus ou illustres, un ministre plénipotentiaire de la République française auprès des Etats-Unis et un maréchal de France, Ney, « le brave des braves ». Pour ces raisons, ce livre de famille devient un livre d'or.

Celui qui s'est attaché à faire revivre ces pages, M. Edouard Harlé, était né à Toulouse le 15 mai 1850. Il sort de l'Ecole polytechnique; comme ingénieur des Ponts et Chaussées, il réside à Tlemcen, à Villefranche-de-Lauraguais, à Tarbes, enfin à Toulouse de 1890 à 1900. Après avoir été ingénieur en chef des Ponts et Chaussées, ingénieur de la voie aux chemins de fer du Midi, il prend sa retraite en 1900. Il s'établit à Bordeaux, auprès de la famille de sa femme; il meurt dans cette ville le 28 juillet 1922.

Il était membre et archiviste de l'Académie de Bordeaux — et aussi membre correspondant de la Real Academia de Historia de Madrid. — Nous ne pouvons que reproduire l'éloge que fit de lui, en novembre 1922, le président de cette compagnie, M. le chanoine Giraudin :

« Edouard Harlé, ingénieur des Ponts et Chaussées, particulièrement distingué, hardi constructeur de nombreux ponts dans la région pyrénéenne, souvent en pleine montagne [1], et de l'observatoire du Pic du Midi, avait acquis par un travail persévérant, une application éclairée, les connaissances les plus étendues dans la science de la paléontologie animale. Il y avait conquis une réputation vraiment mondiale, et ses savantes monographies qu'ont accueillies de nombreuses revues scientifiques, font aujourd'hui autorité. Pas un muséum étranger, pas un collectionneur particulier, avant de classer une pièce, dont la détermination paraissait fort difficile, n'hésitait à recourir aux lumières d'Edouard Harlé, qui donnait un avis définitif.

(1) M. Harlé a reconstruit un grand nombre de ponts détruits par l'inondation de la Garonne en 1875; il a fait faire le pont de la basilique de Lourdes, donné le projet définitif de l'observatoire du pic du Midi. Au milieu de ses travaux, il étudiait la géologie pour laquelle il était passionné.

Il avait lui-même patiemment réuni une très importante collection de fossiles, dont il a fait don à notre muséum. C'est un don inestimable. »

On trouvera à la bibliothèque de Versailles la liste complète des communications et articles de revue de M. Harlé; de 1876 à 1922, elle comprend 110 numéros. Un mémoire sur les dunes de Gascogne a été imprimé à l'Imprimerie nationale, ce qui en indique la valeur particulière (1).

Voilà, en dehors des travaux du fonctionnaire, une belle activité. Celle-ci ne s'est jamais lassée, puisque M. Harlé a consacré ses dernières années à publier les documents qui concernent sa famille. Il a porté dans trois volumes (2) son esprit scientifique et ses habitudes de rigoureuse exactitude. Grâce à ces qualités, ce qui semblait ne devoir être qu'un livre de famille, devient en bien des endroits un supplément à l'histoire générale (3).

Nous exprimons donc toute notre gratitude à Mme Edouard Harlé, qui, avec la plus généreuse libéralité et le culte le plus touchant pour une chère mémoire, a bien voulu enrichir la bibliothèque de Versailles de volumes précieux et nous permettre de faire connaître à tous ceux qui aiment cette ville et son histoire des pages qui évoquent tour à tour un passé brillant ou des scènes attristantes.

Nous ne pouvons oublier ici M. Pierre Izarn, cousin de M. Harlé, qui, avec une exquise complaisance dont nous le remercions, a mis à notre disposition les ouvrages imprimés

(1) Mme Harlé sera heureuse d'envoyer aux spécialistes qui lui en feront la demande l'exemplaire qu'ils désireront de tel ou tel tirage à part (minéralogie, paléontologie, montagnes).

(2) La troisième partie de l'ouvrage de M. Harlé est consacrée à la famille de sa femme. Or, Mme Harlé appartient à une maison ancienne et si honorablement connue, la maison Marie Brizard et Roger. Son arrière grand'mère est Anne Brizard, fille de Martial; celui-ci, frère de Marie Brizard (1714-1799). Des documents inédits sur les Brizard et les Roger donnent un grand prix à ces recherches.

(3) Des trois fils de M. Harlé, deux sont morts pour la France. L'aîné, Pierre, est tombé le 8 avril 1915, au bois de Mortmare. Il avait été l'objet d'une belle citation. Il y a dans l'ouvrage un extrait des *Archives historiques du département de la Gironde*; il montre ce que fut ce jeune héros, ce travailleur et cet érudit. Ses lettres écrites pendant la guerre font voir aussi ce qu'était son cœur de patriote. Le second, Jacques, venait de sortir de l'Ecole polytechnique en 1914. Objet de trois citations, il mourut d'un éclat d'obus le 23 mai 1917. Laborieux suivant les exemples domestiques, il avait collaboré avec son père au *Mémoire sur les dunes de Gascogne*. Le survivant, M. André Harlé, a brillamment servi comme capitaine aviateur.

en même temps que des documents fort intéressants sur Edmond Genet et sur ses descendants. Nous prions aussi Mme la vicomtesse d'Origny et Mme Blondel, qui se sont intéressées à la présente publication, de recevoir l'expression de notre gratitude.

***

C'est en 1819 que Mme Campan a écrit ces notices. Elle voulait faire connaître l'histoire de sa famille aux enfants de son frère, l'ancien ministre plénipotentiaire, qui habitaient les Etats-Unis. Déjà, à la suite de ses *Mémoires*, elle avait écrit pour son fils quelques renseignements sommaires sur ses ascendants paternels et maternels. Cette pensée de consacrer aux siens le souvenir qui leur était dû, fut reprise quand elle se fut réfugiée à Mantes, pauvre et malade — elle mourra d'un cancer au sein — chez une de ses anciennes élèves d'Ecouen, Mlle Crouzet, qui devint la femme du docteur Maigne (1). Dans la paix d'une petite ville, dans la solitude, quels retours ne fit-elle pas sans doute sur elle-même ! Elle pouvait s'appliquer ces mots de Bossuet sur Mme de La Vallière entrant aux Carmélites : « Quel état, et quel état ! » Quel passé deux fois brillant et quelle fin !

Nous ne pouvons entreprendre d'étudier la vie de Mme Campan. Il y aurait pourtant dans sa carrière, surtout pendant la Révolution, quelques points obscurs à éclaircir; il y aurait aussi à répondre à l'article haineux qui figure dans les deux éditions de la *Biographie Michaud*, et qui est écrit par un royaliste qui ne désarmait pas et ne pardonnait pas.

Nous ne parlerons pas des *Mémoires sur Marie-Antoinette*, si agréables à lire, mais où, comme pour tous les auteurs de souvenirs, il faut se défier parfois d'une apologie personnelle (2). Nous ne voulons que rappeler les années de triomphe de Mme Campan et ses vues sur l'instruction des femmes.

C'est au temps du Consulat que s'affirme à Saint-Germain sa nouvelle et brillante carrière. Elle attire l'attention de la

(1) Elle a publié en 1824 *le Journal anecdotique de Mme Campan ou Souvenirs recueillis dans ses entretiens*, par M. MAIGNE, médecin des hôpitaux de Mantes, *suivi d'une correspondance inédite de Mme Campan avec son fils*.

(2) Dans ses notices, et il ne pouvait guère en être autrement, le ton laudatif est sans restrictions. On en trouvera quelques-unes dans les notes.

haute société de l'époque, non seulement par la tenue de son pensionnat, mais parce qu'on retrouve chez elle des manières oubliées, celles de l'ancienne cour [1].

En 1806, les orphelins des guerriers morts à Austerlitz sont reçus dans les lycées. Pour les orphelines, Napoléon fonde la maison d'Ecouen. Mme Campan en devient directrice — elle ne recevra qu'en 1809 le titre de surintendante. — Elle se consacre à cette maison corps et âme. C'est sur Saint-Cyr qu'elle a les yeux fixés, et il est naturel qu'élevée à Versailles, de tels souvenirs soient présents à son esprit. Ils y sont tellement gravés que, dès le mois de mars de cette dernière année, elle écrit à l'Empereur pour lui proposer de faire d'Ecouen un Chapitre impérial d'éducation. Les dames seraient des chanoinesses; on aurait la vie de couvent, mais « dégagée des pratiques minutieuses du cloître. Les pratiques sacrées de la religion seraient plus identifiées au respect dû au trône de Sa Majesté et à son auguste postérité ». Le titre de Chapitre impérial « attirerait un grand nombre de pensionnaires payant la pension ».

De là, division des élèves en deux sections : les élèves appelées à vivre dans le monde et pourvues de ressources ; les autres, pauvres et ayant à gagner leur vie. Les premières recevraient une éducation plus brillante, et les autres, une éducation pratique qui leur tiendrait lieu de dot [2]. L'Empereur écarta ce projet, et le régime fut le même pour toutes les pensionnaires, toutes boursières.

Le projet était donc contestable, mais, pour le reste, Mme Campan montre un bon sens remarquable. Ses livres sont bien oubliés, et pourtant, il y aurait grand profit à les relire. Si le style, par endroits, en a vieilli, les conseils restent judicieux. Elle accepte l'internat comme un mal nécessaire, mais

(1) Au mois d'août 1803, d'après les rapports de la préfecture de police, on prétendait « qu'elle était chargée de faire un travail pour organiser la maison du Premier Consul et celle de Mme Bonaparte sur le pied le plus considérable qu'elle ait jamais été dans la monarchie depuis Charlemagne et plus brillant que dans toute autre cour de l'Europe. On dit que le travail de Mme Campan sur cet article ferait un in-folio, et qu'il doit être remis mercredi prochain (27) » (AULARD, *Paris sous le Consulat*, t. IV). — On sait que Mme de Montesson, retirée à l'Arsenal, jouit de la faveur du Premier Consul, justement à cause du ton qui régnait dans son salon, et qui habituait la nouvelle génération à la politesse d'autrefois, trop oubliée.

(2) *Lettre inédite* (Arch. nat., *AF* IV *1038*).

dès qu'on peut l'éviter, la jeune fille doit être élevée par sa mère. Dès lors, il faut former la mère. Celle-ci sera instruite : elle connaîtra — sans surmenage ! — tout ce que son sexe lui permet de connaître. L'âme nourrie des principes religieux, l'esprit orné, mûri, ennemie du bavardage comme des futilités, elle saura aussi bien tenir sa place dans le monde qu'être utile et indispensable chez elle. Elle jouera « du piano-forte », chantera, dessinera, mais, avant tout, elle aura appris à surveiller les dépenses et la cuisine, à faire ses robes et ses chapeaux, et, si les domestiques manquent, à les remplacer, à faire elle-même son lit et à balayer elle-même sa chambre; enfin, elle sera la première institutrice de ses enfants et la plus autorisée. Ce plan d'éducation appliqué à Ecouen n'est-il pas toujours à recommander ? Si Mme Campan écrivait de nos jours, ne dirait-elle pas : « Jeunes filles, soyez bachelières ; obtenez ce diplôme, puisque c'est la mode, et quoique beaucoup d'entre vous n'en aient pas besoin, mais apprenez tout d'abord à être épouses et mères. C'est votre rôle essentiel, et les plus beaux programmes du monde ne peuvent rien changer à votre destinée et à vos devoirs [1] ».

Gabriel VAUTHIER.

(1) Comme à Saint-Cyr, les élèves se distinguent par leurs rubans, vert liséré — les plus jeunes — nacarat liséré, bleus, etc. — Cf. D'ARJUZON, *L'Education des femmes, il y a cent ans, Saint-Germain et Ecouen*, dans la *Revue hebdomadaire*, 1893, tirage à part; et aussi : *le Centenaire de Mme Campan*, articles de M. LÉCUYER, publiés dans le *Gaulois* des 11 et 18 février 1922. — Ajoutons que Mme Campan s'intéressait à l'éducation des filles du peuple. Voir ses *Conseils aux jeunes filles*, avec ce sous-titre : *Ouvrage destiné aux écoles élémentaires*.

Edme Genet (1).

Né à Dannemoine en 1692, mort à Paris en 1760.

« Votre grand-père, Edme (2) Genet, est né à Dannemoine, village situé auprès de la ville de Tonnerre... Ses auteurs avaient figuré parmi les plus riches propriétaires de la province... Cette heureuse position avait abandonné la famille Genet; des procès perdus les avaient ruinés et ils ne figuraient plus que parmi les modestes cultivateurs de quelques arpents de vigne ». Pour ne pas végéter, Edme Genet part pour Paris, muni de lettres de recommandation, d'une entre autres, pour son homonyme, mais non son parent, l'abbé Genest, membre de l'Académie française, et bien médiocre poète. Celui-ci le fait élever dans un collège, lui donne des rôles dans les tragédies de sa façon que l'on jouait à Sceaux, chez la duchesse du Maine. Là, il rencontre Alberoni; il plaît au cardinal qui l'emmène en Espagne comme

(1) Mme Campan, en tête de ses notices, s'adresse à ses neveux et nièces Genet Clinton et Genet Osgood. — Edmond Genet, son frère, fixé aux Etats-Unis, avait eu six enfants de son premier mariage et six de son second. — « Elle veut, dit-elle, par une prévoyante tendresse, resserrer et entretenir les liens de famille. »

Nous croyons devoir, pour l'intelligence du texte qui va suivre, donner un bref crayon généalogique des personnages dont il sera parlé dans les notices; on trouvera des tableaux très détaillés des diverses branches issues de Jean Genet, dans l'ouvrage de M. Harlé :

Jean, dit Edme Genet, huissier audiencier au Châtelet, a deux fils : 1o Edme-Jacques, qui suit; 2o Pierre-Michel de Charmontot, 1730-an VII, célibataire.

Edme-Jacques Genet, 1726-1781, a de son mariage avec Lise Cardon neuf enfants, dont quatre meurent en bas âge. Les survivants ont été :

1o Jeanne-Louise-Henriette Genet, devenue Mme Campan (1752-1822); un fils mort sans postérité.

2o Julie-Françoise Genet, 1753-......, épouse Rousseau (1748-1794); nombreux descendants.

3o Adélaïde-Henriette Genet, mariée à Pierre-César Auguié. De ce mariage, trois filles :

1o Antoinette-Louise Auguié, 1780-1833, mariée à Gamot, 1766-1820; nombreux descendants.

2o Aglaé-Louise Auguié, dite Eglé, 1782-1854, mariée au maréchal Ney; nombreux descendants.

3o Adélaïde-Henriette-Joséphine Auguié, dite Adèle, mariée au général de Broc. Pas d'enfants.

4o Anne-Glaphire Sophie, 1761-......, mariée à Antoine-Lucien Pannelier; nombreux descendants.

5o Edmond-Charles Genet, 1763-1834, marié en premières noces à Cornelia Tappen Clinton; en secondes noces, à Martha Brandon Osgood; nombreux descendants.

(2) Dans tous les actes publiés par M. Harlé, ce personnage porte le seul prénom de Jean. La notice de Jean, *dit* Edme Genet, occupe les pages 5-21 de l'édition Harlé (V.).

intendant (1). Au bout de quelques années, il revient avec une fortune de plus de quatre cent mille livres. En 1721, il épouse une jeune fille sans fortune, mais appartenant à une des meilleures familles du Midi, Jeanne du Roch de Béarn (2). Ce fut alors qu'il acheta la charge d'huissier audiencier au Châtelet. Il eut deux fils. Il les éleva fort sévèrement. L'aîné, Edme-Jacques, souffrit beaucoup du caractère de son père, mais, avant de donner sur lui les notes de Mme Campan, nous parlerons de son frère, Pierre-Michel Genet de Charmontot (3).

Toto, comme on l'appelait en famille, était maladif; il s'était mal remis « d'une rixe de collège où il avait été battu et même défiguré par un coup qui lui avait écrasé le nez »; cette blessure lui avait presque anéanti la mémoire. Son père, après le mariage de son fils aîné, s'était retiré à Mainville, commune de Draveil. *Toto* vécut auprès de lui, et ne quitta jamais cette campagne. Cet être innocent n'avait-il pas, pendant une maladie, fait éclore un coq en couvant l'œuf sous son bonnet de nuit ? Par suite de sa faiblesse de tête, il était obligé de tout écrire, et ses petits tableaux de travail offrent un pêle-mêle incohérent : « 6 juin 1793, envoyer Bastien vendre une charrette de foin au marché de Corbeil. — Après-demain matin, nettoyer mes pigeons. — Lundi, mettre couver ma petite serine; je lui rendrai le mâle deux jours après; il en sera temps. — Demander à ma nièce Campan ce que c'est que la Révolution. Pourquoi tout ce bruit ? Pourquoi on fait périr tant de monde, et ce que c'est qu'un aristocrate ? »

Edme-Jacques Genet.

13 décembre 1726 — 11 septembre 1781.

Nous avons dit qu'il supportait impatiemment le joug paternel. En effet, son père voulait lui imposer les dévotions les plus minutieuses, dont l'Espagne lui avait donné l'habitude, et le jeune homme s'étant hasardé à écrire quelques pièces de vers, « il en fut si furieux qu'il fut au moment de le faire enfermer dans un cloître comme un mauvais sujet ».

(1) « On faisait alors de grandes fortunes en Espagne, dit Mme Campan ». — On voudrait savoir comment (*V.*).

(2) Les recherches de M. Harlé l'ont amené à penser que Jeanne du Roch de Béarn était fille naturelle d'un Galard de Béarn, peut-être à la suite d'une union contractée devant un pasteur protestant et, par suite, tenue pour irrégulière (*V.*).

(3) Ce nom venait d'un petit bien que son père avait acquis en Bourgogne.

Pour échapper à cette contrainte perpétuelle, Edme-Jacques obtint la permission de voyager. Avant de partir, il s'engagea par les serments les plus solennels à Lise Cardon, et plus tard, ce projet de mariage lui attira la colère de son père qui lui destinait une épouse laide, peu intelligente, mais fort riche (1). D'autre part, son père avait voulu l'obliger à acheter, contrairement à ses goûts, une charge de magistrat. Il respirait enfin en quittant la France. Il séjourna pendant quatre ans en Allemagne, puis il se mit en pension chez le gouverneur du château de Douvres. Il apprit donc la langue de ces pays — il savait aussi l'italien. — Il revint à Paris, se maria, son père refusa de le voir. — Il publia un ouvrage, *Essais politiques sur l'Angleterre* (2), qui attira sur lui l'attention, et le ministre des Affaires

(1) Marie-Anne-Louise Cardon est qualifiée, dans son contrat de mariage, de fille majeure, marchande lingère.

(2) Nous reproduisons la liste des ouvrages de Genet telle que la donne le *Catalogue... de la Bibliothèque nationale* : *Epître au Roy sur la prise de Gand*, par E.-J. Genest le fils, 1745; in-4°, 3 p. — *Essai historique sur l'Angleterre ou Lettres sur les écrits publics de la nation anglaise relativement aux circonstances présentes*; in-8°, 1757-1759. — *Histoire des différents sièges de Berg-op-Zoom*; 1747, in-8°. — *Lettre au comte de Bute à l'occasion de la retraite de M. Pitt, et sur ce qui en résulte par rapport à la paix, traduite sur la 3e édition*; in-8°. — *Nouvelle lettre au comte de Bute concernant la rupture de l'Angleterre avec l'Espagne, ouvrage traduit de l'anglais*; 1762, in-8°. — *Lettre en vers au curé de Fontenoy en forme de critique sur sa requête... par un de ses voisins*; 1745, in-4° (en vers libres; fantaisie que l'on ne comprend pas, parce qu'on ignore pourquoi le curé réclame au roi 3.000 écus). — *Mémoire pour les ministres d'Angleterre contre l'amiral Byng et contre l'auteur du « Peuple instruit »*; 1757, in-8°. — *Petit catéchisme politique des Anglais, traduit de leur langue*; 1756, in-8°. — *Le peuple instruit ou les alliances dans lesquelles les ministres de la Grande-Bretagne ont engagé la nation, ouvrage traduit de l'anglais*; 1756, in-8°. — *Le peuple juge ou considérations sur lesquelles le peuple anglais pourra décider si la lettre qu'on attribue dans le Précis des faits à S. A. R. le duc de Cumberland est bien véritablement de ce prince, ouvrage traduit littéralement de l'anglais*; 1756, in-8°. — *Riflessioni sulla necessità di liberare il vestimento svezzese dalla schiavitù delle mode straniere, transportate del francese in italiano da Carlo* (sic) *Genet*, c'est-à-dire nécessité de se soustraire à l'imitation servile des étrangers dans l'habillement; Firenze, 1779, in-8°. — *Table ou abrégé de 135 volumes de la Gazette de France depuis son commencement en 1631 jusqu'à la fin de l'année 1765*; 1766-1768, 3 vol. in-4°. — *La Vérité révélée, ouvrage traduit de l'anglais*; 1755, in-8°. — Pope Al., *Lettres choisies sur différents sujets de morale et de littérature*; 1753, in-8°. — *La Correspondance de Grimm et de Diderot* parle de quelques-uns de ces ouvrages : *Le Peuple instruit* : « brochure qui a eu beaucoup de succès ici. » — *Le Peuple juge* : « livre anglais d'une exécution on ne peut plus médiocre. » — *Lettre au comte de Bute* : « cette traduction vient du bureau des Affaires étrangères ». *Nouvelle lettre* : « c'est un pauvre raisonneur et un pauvre politique que l'auteur de ces lettres ». Le même recueil cite un ouvrage de Genet qui n'est pas à la Bibliothèque nationale : « M. Genet, employé dans les bureaux des Affaires étrangères, vient de traduire de l'anglais un *Mémoire sur l'administration des finances de l'Angleterre depuis la paix*, ouvrage attribué à M. Grenville, ministre d'Etat, chargé de ce département en 1763, 1764 et 1765. L'introduction que vous trouverez à la tête du mémoire est du traducteur, et vous la lirez avec plaisir ».

étrangères (1) créa pour lui la place de secrétaire interprète de ce département avec six mille de traitement.

« Mon père se transporta à Versailles, et y fixa sa résidence au printemps de 1753. Je venais de naître. Charmé d'avoir un sort suffisant à ses modestes désirs, ce fut, m'a-t-il dit, le plus heureux instant de sa vie. Son bonheur, son amour satisfait, l'empêchaient de sentir le poids que supportait sa fortune future par la nécessité de soutenir toute la famille de sa femme. Mon père eut à recevoir à cette époque son beau-père et sa belle-mère; il plaça leur fils aîné, et eut à contribuer aux frais d'éducation des deux frères cadets de sa femme. Six mille livres de revenus étaient, même dans ce temps, insuffisants pour subvenir à tant de dépenses. Raccommodé avec son père par l'effet des prières et des larmes de ma mère, il n'osait cependant lui demander des secours. Rassurés sur les dangers de l'exhérédité, des gens d'affaires lui faisaient prêter de l'argent, et cette nécessité qui dura jusqu'à ce que le gouvernement lui eût fait un sort digne de ses talents, le fit anticiper sur son bien patrimonial, et empêcha la fortune de notre grand-père de parvenir jusqu'à nous, mais la considération, l'estime générale que mon père ne cessait d'acquérir chaque jour, le rang qu'il tenait dans la société la plus choisie, fut une compensation qui, pendant toute sa vie, diminua ses regrets pour la perte de son patrimoine.

[Etabli à Versailles en 1753, mon père y resta six ou sept années avec les seuls appointements de 6 000 livres. Il crut devoir tenir une maison honorable, et c'est à cette époque, qu'avec les charges de la famille de sa femme, il dépensa plus de cent mille livres sur le futur héritage de son père. Le duc de Choi-

-- Voltaire cite une fois le nom de Genet (Ferney, 30 octobre 1769, à M. Hennin, secrétaire du Conseil d'Etat) : « Ma haute dévotion, Monsieur, m'ayant fait craindre qu'on ne fît accroire au roi de Prusse que je suis l'auteur de la lettre véritablement digne d'un homme qui a fait ses pâques, j'envoie à M. Genep (*sic*) mon désaveu dans une lettre à M. le duc de Crafton ». Même l'édition Garnier écrit Genep, et, d'après Beuchot, met en note : « commis du ministère des Affaires étrangères. » (*V.*)

(1) François-Dominique de Saint-Contest, et non, comme le dit par erreur Mme Campan, le maréchal de Belle-Isle (*V.*).

seul, arrivé au ministère, distingua mon père, et ajouta à ses honoraires et à son travail (1)].

...Je vous parlerai encore de votre grand-père dont le portrait n'a jamais cessé d'être sous mes yeux. Son cœur a toujours animé le mien; son âme a constamment dirigé la mienne. Mon père n'était pas un bel homme, mais jamais Français n'a réuni à un tel degré l'élégance, la vivacité, la grâce des discours les plus policés aux manières simples et naturelles d'un républicain et la bienveillance de l'antique hospitalité. Sa maison de Versailles se trouva, par suite de l'estime générale, le rendez-vous habituel des savants les plus distingués et des étrangers de premier rang qui venaient visiter la France. Il conserva pendant vingt-six ans un ami digne de lui, M. Emencarde de Bournonville; placés sans rivalité l'un et l'autre dans la même carrière, ils se prêtaient réciproquement leurs lumières et leurs conseils. Un jour, M. de Bournonville entra précipitamment dans le cabinet de mon père. J'y étais avec lui : « Embrasse-moi, Genet, lui dit-il en lui ouvrant les bras, je suis digne de toi; ce matin le duc de Choiseul est venu au-devant de moi tenant le brevet d'un poste honorable dont le revenu est de 30.000 livres; il l'a obtenu pour moi en travaillant hier soir avec le Roi; je l'ai refusé. Confident du brave N*** qui aspire depuis trois ans à ce poste, je ne pouvais accepter; j'ai trouvé le ministre injustement prévenu contre ce pauvre N*** J'ai eu le bonheur de faire revenir le duc; demain, j'aurai le même brevet au nom de ce brave homme substitué au mien ». «Félicite-moi à ton tour, lui dit mon père, d'avoir un ami tel que toi ».

Jamais homme ne fut plus amoureux de sa femme que ne l'a été mon vertueux père; il n'admira jamais la beauté qu'en elle. Rien aussi n'était plus édifiant que les soins qu'il rendait à la mère de sa femme, Henriette de Quay, veuve Cardon, tombée en paralysie à 80 ans; elle en a vécu 85.

Un ami, ministre plénipotentiaire de France en Hollande, avait jugé les talents de mon père, et avait été un de ses

(1) Ces lignes ne se trouvent pas dans l'édition Barlé. — Nous mettons ici, pour ne pas interrompre le récit, des pages que Mme Campan a écrites après la biographie de Sophie Genest sous ce titre : *Suite de l'établissement de votre grand-père à la cour de Versailles jusqu'à l'époque de sa mort* (V.).

premiers protecteurs. Son cœur éprouvait le besoin impérieux d'aller porter à la fois à son vieil ami l'expression de sa joie et celle de sa reconnaissance pour celui auquel il avait dû ses premiers succès. Votre père venait d'arriver de Vienne à Versailles avec le baron de Breteuil, ambassadeur de la cour de France en Autriche, quand une fièvre maligne de la nature la plus funeste nous enleva ce père si révéré, si chéri. Il venait d'atteindre sa cinquante-quatrième année, lorsque, le 11 septembre 1781, il fut enlevé à notre tendresse. Depuis les malheurs de la France, j'ai souvent trouvé une consolation dans une mort si déplorée. Les journaux français retentirent des éloges d'un homme si généralement regretté (1); ceux même des pays étrangers payèrent un tribut d'hommages à sa mémoire; son convoi fut suivi par un immense cortège, et, quoiqu'à cette époque, les honneurs ne se rendissent qu'aux rangs et aux titres d'une éminente noblesse, tous les corps militaires de la Maison du Roi envoyèrent de leur propre mouvement des députations aux obsèques d'un citoyen aussi estimé (2). Ses restes furent déposés dans le cimetière de Montreuil, paroisse de village où était sa campagne, et les fureurs révolutionnaires ont respecté le marbre que sa veuve et ses enfants y firent placer (3).

Famille Cardon (4).

La femme d'Edmé-Jacques Genet avait pour parents Pierre-François Cardon, né à Bergues en 1695, mort à Versailles en 1763, receveur des domaines et principauté de Chimay et Henriette de Quay, née vers 1695 à Grave, en Hollande. Son père était riche, mais son amour du plaisir amena sa ruine complète :

(1) Nous n'avons rien trouvé dans la *Gazette de France*, dans le *Mercure de France*, dans le *Journal de Paris* et dans le *Journal historique et politique*; rien non plus dans le *Courrier de l'Europe*; les *Annales politiques, civiles et littéraires* cessent en septembre 1780 et ne reparaissent que le 1er janvier 1783. L'année 1781 du *Journal militaire et politique* manque à la Bibliothèque nationale.

(2) Voici son titre : d'après l'*Almanach de Versailles* : « Bureau des interprètes du roi pour le département des Affaires étrangères, de la guerre, de la marine et des finances, M. Genest, premier commis — c'est-à-dire chef de division — à l'hôtel des Affaires étrangères, rue de la Surintendance » (aujourd'hui hôtel de la Bibliothèque).

(3) Cette tombe n'existe plus (V.).

(4) Ed. HARLÉ, pp. 22-28.

c'est, comme on l'a vu, cette pauvreté qui motiva l'opposition d'Edme Genet au mariage de son fils. Edme-Jacques appela un de ses beaux-frères à Versailles et lui fit obtenir une place dans les bureaux des domaines de la couronne. Un autre, Cardon de Tersil (1), fut aide de camp du général de Beauharnais qui commandait dans les Iles-du-Vent; le troisième, Cardon de Bierne, fut capitaine du génie.

Famille de Quay (2).

Elle était originaire de la Gueldre : (en 1819), « le chef de cette famille est le colonel de Quay, propre neveu de ma grand' mère par un frère plus jeune qu'elle ». « Lorsque Louis-Bonaparte fit son entrée à La Haye, Mme de Broc trouva dans la salle des gardes du palais un charmant capitaine de la garde du Roi, qui vint à elle et lui dit que toute la famille de Quay lui faisait exprimer par lui la joie qu'elle ressentait de ce que les événements les plus étonnants amenaient dans leur contrée une dame d'une famille à laquelle ils avaient l'honneur d'appartenir, et la bonne Adèle se trouva à l'instant des tantes, des cousins, des cousines, dans un pays où elle ne connaissait personne ».

La fille aînée de Mme de Quay fut élevée à Saint-Germain; un fils devint capitaine dans la garde impériale et mourut pendant la campagne de Russie.

Henriette Genet (3).

Mariée en 1774 à M. Campan.

Mon père, après le travail du cabinet, cherchait des délassements dans son intérieur. J'avais de la mémoire; il profita de ce don de la nature, et se fit un amusement de mon enfance. Possédant toutes les langues de l'Europe aussi bien que la française, il me faisait parler alternativement anglais et italien. Mon père employait aussi toutes les heures de son repos

(1) « Sa femme, née de Loyen, personne adroite et intrigante, tante de Mme Campan, veuve d'un major de la place d'Arras, avait été femme de chambre de Marie-Antoinette, et, avant l'événement de Varennes, elle fit le voyage de Belgique avec une malle qui contenait le trousseau de la reine ». Arthur CHUQUET (cité par M. Harlé), *Compte rendu des séances de l'Académie des Sciences morales et politiques*, 1902, 1er semestre (*Vie de Henri Beyle*, qui fréquenta son salon). Quelques propos de la dame montrent qu'elle ne ménageait pas les souverains.

(2) Ed. HARLÉ, pp. 29-34.

(3) Ed. HARLÉ, pp. 34-44.

après le dîner à me faire apprendre des vers et même des scènes entières de nos meilleurs auteurs. Il déclamait parfaitement. Après quelques mois de ses leçons, il fit de moi une tragédienne de cinq à six ans qui, par l'importance qu'elle donnait à son rôle et par ses inflexions tendres et larmoyantes, donnait beaucoup plus envie de rire que de pleurer. La table à manger, après qu'on avait desservi, était habituellement mon théâtre. Une grande poupée à ressort était ma confidente; je passais subitement derrière ce personnage, et, prenant un son de voix différent, je répondais à toutes les belles et douloureuses choses que j'avais confiées à sa [muette] discrétion. J'étais probablement assez amusante, car tous les amis de mon père voulurent jouir de ce petit spectacle. Malheureusement il devint un jour assez tragique pour risquer d'y amener une véritable scène de douleur. Je faisais avec une sérieuse attention toutes mes petites singeries de grands sentiments, lorsqu'un des amis de mon père, d'une taille courte, fort gros, et de plus fort [grand] rieur, sortant de table et ayant bien dîné, fut pris d'un si violent accès de rire sur le pathétique de la princesse, qu'il tomba de sa chaise à terre dans un état complet d'apoplexie. On prit à l'instant sous le bras et la tragédienne et la confidente. [Très] heureusement, mon pauvre spectateur fut promptement retiré de l'état alarmant dont j'avais été l'innocente cause, mais il n'y eut plus de représentation sur la table.

Je continuai à apprendre par cœur tout ce que nous avions de beaux morceaux de poésie française; on me faisait aussi apprendre les odes et les épîtres que l'académicien Thomas, ami de mon père, présentait chaque année au concours de l'Académie; beaucoup de membres de cette association venaient dîner chez mon père avant le jour du concours pour m'entendre répéter ces morceaux d'éloquence qui presque tous furent couronnés par l'Académie.

Pour me perfectionner dans la langue anglaise, mon père me fit venir une gouvernante de Londres; il me donna, ainsi qu'à ma sœur Julie (Mme Rousseau) des maîtres de piano, de harpe, de guitare et de chant. Une éducation à laquelle mon père mettait tant de soins et qui lui coûtait tant d'argent fut remarquée et citée, non seulement à Versailles, mais à la cour. L'art de lire les vers et les différentes proses en anglais, en italien et en français, fut essentiellement ce qui donna l'idée à Mme la duchesse de Choiseul de me faire nommer lectrice de Mmes Victoire, Sophie et Louise, filles de Louis XV. Ces vertueuses princesses n'étaient plus jeunes; elles avaient été condamnées au célibat parce que les filles de nos rois ne peuvent épouser que des rois ou des princes héréditaires catholiques, et qu'il ne s'en était point trouvé d'âge à les épouser. Elles s'ennuyaient dans le vaste palais du roi leur père et passaient leur vie à broder et à se faire lire, quand elles n'étaient pas occupées de devoirs pieux ou du soin de recevoir leur cour.

Ce fut en octobre 1768 que je fus présentée par la comtesse de Périgord à la cour des princesses. En 1770, le Dauphin, petit-fils du roi, neveu des princesses auxquelles j'étais attachée, épousa la charmante, l'aimable, l'infortunée Marie-Antoinette ! Elle n'avait que 15 ans; j'en avais 17, et j'étais la seule jeune personne dans l'intérieur des princesses; elle venait souvent chez Mme Victoire ; elle voulut bien me prendre en amitié; elle faisait de la musique avec moi. Enfin, en 1774, lorsque Louis XV mourut et que Louis XVI monta sur le trône, la jeune reine me fit demander en mariage par M. Campan, fils de M. Campan, son secrétaire de cabinet, homme aimable, riche et considéré (1); on me dota d'une pen-

(1) Les Berdolet, Verdolet, et finalement Bertholet ou Berthollet, étaient originaires de Campan, près de Bagnères-de-Bigorre. — Le beau-père de Mme Campan ne figure dans l'*Almanach de Versailles* comme secrétaire du Cabinet qu'à partir de 1778. Il fut anobli en 1782. Jacob-Nicolas Moreau (1717-1804), nommé bibliothécaire de la reine en 1774, dans ses *Souvenirs* publiés en 1901, parle de lui sans bienveillance : « J'avais composé un ouvrage, la *Bibliothèque de Madame la Dauphine* : il est le seul que je n'aie pas retrouvé en bas dans le nouvel emplacement (on avait mis la Bibliothèque dans un cabinet à côté de la chambre de la princesse). Je soupçonne l'un d'eux (*des « garçons de la chambre », nous dirions employés*) nommé Campan, qui se croyant homme de lettres et voulant à toute force remplir les fonctions de bibliothécaire, a toujours été très fâché que j'en eusse le titre, de l'avoir enlevé de crainte que la princesse ne le lût, s'il lui tombait sous la main. Je fis coller en sa présence des lettres sur les tablettes et les numéros sur les livres. Elle allait et venait pendant ce temps-là; je ne fus pas sans m'apercevoir que cela donnait beaucoup d'inquiétudes aux garçons de la chambre, surtout à Campan, qui ne la quittait pas, et lui parlait avec un air de capacité dont je riais intérieurement. Je fus après 1774 nommé historiographe de France. » (t. Ier, p. 316). — « Mme Campan, créature comme moi du vieux maréchal de Noailles, s'est empressée de justifier auprès de moi la conduite de son père qui très certainement avait été mon plus grand ennemi auprès de la Reine, s'était rendu maître de sa bibliothèque et avait obtenu qu'on attribuât à cette place des appointements considérables. » (t. II, p. 320) (*V.*).

sion de cinq mille livres; je conservai ma place de lectrice, et la jeune reine m'assura auprès d'elle la place de la première de ses femmes que possédait alors la baronne de Miserri [1]. A cette place était même jointe celle de trésorière; les fonctions en étaient honorables et le revenu annuel de plus de soixante mille livres. Voilà les côtés séduisants et avantageux de cette union que je contractai, mais ce qui la rendit peu fortunée, fut le caractère de mon mari [2], ses goûts, sa dissipation [3]. Marié à 18 ans pour la première fois, il avait été veuf à 20 ans [4], et il n'en avait que 21 lorsqu'il m'épousa. Six semaines après notre mariage, il m'annonça qu'il avait eu tort de se marier une seconde fois, qu'il n'avait pas eu le courage de résister aux volontés de son père, au désir de la Reine pour notre union, qu'il n'aimait pas la cour, qu'il n'y voulait aucun emploi, que son intention était de voyager longtemps. En effet, quelques mois après cette triste déclaration, il partit pour l'Italie, visita Rome, Naples, la Sicile, dépensa beaucoup d'argent, et me laissa quatre ou cinq ans seule avec son père et sa mère qui me comblaient de tendresse et de soins, et, sans jamais l'articuler, me faisaient juger par leurs attentions et leurs procédés combien ils croyaient avoir de réparations à me faire. Je ne fus donc pas heureuse; je n'ai jamais connu le charme du lien conjugal, mais ma position à la cour devenait de jour en jour plus agréable ; la Reine et le Roi daignaient me traiter avec une bonté si particulière que je fus utile à tous les miens.

Mon aimable et malheureuse sœur Adélaïde fut mariée et dotée par la Reine, et, en faveur de ce mariage, son mari [5] fut pourvu de la charge de receveur général des finances du duché de Bar et de Lorraine, qui valait près de cent mille

(1) Mme de Misery s'était retirée dans sa terre près de Péronne. Dans l'*Almanach de Versailles*, ce n'est qu'en 1788 qu'on voit cette mention : « Mme Campan, première femme de chambre (*il y avait deux premières*); Mme sa bru en survivance »

(2) Pierre-Dominique-François, qualifié de maître de la garde-robe de la comtesse d'Artois, et d'officier de la chambre de la Dauphine, était né en 1749; il mourut en 1797 ou 1798.

(3) Dans sa *Correspondance avec la reine Hortense*, Mme Campan écrit cette phrase naïve : « Si M. Campan n'eût été volage, dissipateur, et entièrement opposé au lien conjugal, j'aurais été heureuse avec lui. » (*V.*).

(4) D'Amable Gentil, femme de chambre de la Dauphine. Il avait été marié un an; il avait 23 ans lors de son second mariage.

(5) Voir *infra*, « famille Augnié ».

livres par an. J'avais placé mon oncle Cardon de Tersil (1), et jusqu'à mes amis se ressentirent de l'effet de ma faveur. Depuis que l'on savait avec quelle bienveillance soutenue la Reine m'accordait tout ce que je lui demandais, je ne voyais autour de moi que des gens empressés ou satisfaits. J'ai su depuis à quel degré cette faveur séduisante m'avait donné d'implacables ennemis, et je l'ai éprouvé quand Louis XVIII est rentré, suivi de Français dont les vieux souvenirs, les anciennes et injustes préventions, se sont ranimés en rentrant d'une manière si inespérée sur le sol de leur patrie. Ces préventions, ces haines, ce respect pour les plus antiques préjugés dans des gens qui n'avaient pas conservé aussi intacte leur force physique, parurent d'autant plus funestes aux penseurs et d'autant plus ridicules aux rieurs qui abondent en France, que, sous la verge dorée de Napoléon et au bruit constant des chants de victoire, les malheurs de la France étaient aussi éloignés de nous que l'auraient été les troubles de la France sous le roi Jean. J'ai pourtant subi l'influence de toutes ces vieilles préventions. Quand j'ai vu dès 1814, avant le retour de Napoléon qui a motivé tant de disgrâces, détruire le bel établissement d'Ecouen que j'avais organisé et perfectionné à la satisfaction de tous les parents, et lorsque j'avais quitté, pour régir cet établissement, ma maison de Saint-Germain, que j'avais déjà rendue célèbre dans toute l'Europe et même au delà des mers, qu'avais-je fait qui pût m'attirer une peine aussi sensible ?

J'avais servi, chéri, révéré ma souveraine; je ne l'avais jamais quittée dans aucun désastre; j'avais bravé la mort pour elle; j'avais même rendu à Louis XVI des services importants; j'ai deux fois sauvé le portefeuille secret de Louis XVI, et l'ai soustrait à ses juges, et l'infâme article d'un libelliste a suffi seul pour exciter contre moi la haine des aristocrates (2); j'avais vu ma maison réduite en cendres; j'avais vu ma fortune entièrement perdue, et mon cœur avait éprouvé des pertes bien plus cruelles que celle des richesses. Je m'étais dévouée, pour soutenir ma famille, à des fonctions utiles, mais pénibles. Le hasard seul avait conduit vers ma maison la veuve du

(1) Voir *supra*, 31.

(2) Cette phrase est mise en note dans le texte de M. Harlé (*V.*).

général Beauharnais, qui m'avait confié sa fille Hortense et sa nièce Emilie (Mme de la Valette), deux ans avant que l'aimable et bonne Joséphine connût le général Bonaparte. Elle m'avait comblée de soins et de touchants témoignages d'intérêt dont elle faisait remonter la cause aux anciennes relations de sa famille et de la mienne.

Lorsqu'elle se maria avec Napoléon, elle partit avec lui pour sa mémorable campagne d'Italie, me laissa les deux demoiselles Beauharnais, et de plus me chargea de veiller sur son estimable et brave Eugène, placé dans une pension à Saint-Germain. Vainqueur en Italie, Bonaparte revint en France, satisfait des talents et de la bonne tenue de mes élèves, et particulièrement de celle de Mlle Hortense de Beauharnais, il me confia sa plus jeune sœur. Bientôt après, il partit pour l'Egypte; à son retour, il fut mis à la tête du gouvernement français. Il me traita avec une distinction marquée; j'en fus honorée et reconnaissante; je devais l'être; en le témoignant, je ne manquais à aucun engagement, à *aucun devoir;* mes deux maîtresses, la reine et la princesse Victoire, n'existaient plus. Napoléon fut couronné empereur; je pouvais reparaître dans cette nouvelle cour, mais je fis connaître à l'Impératrice mon désir de rester uniquement dévouée à l'éducation publique. Mes nièces étaient maréchales, baronnes, dames du Palais, que je demeurais simplement institutrice à Saint-Germain. Rien que l'injustice la plus grande pouvait trouver la moindre chose à blâmer dans une conduite si éloignée de l'intrigue et de l'ambition. La place de surintendante d'Ecouen me fut confiée; les éternelles guerres empêchaient les étrangers de continuer à m'envoyer à Saint-Germain le nombre d'élèves nécessaires pour soutenir mon établissement; la maison impériale fondée à Ecouen pour y élever les filles des généraux, des colonels, des capitaines de l'armée, ainsi que celles des préfets, des présidents de cours impériales, et des artistes célèbres qui y avaient droit comme membres de la légion, aurait fait éprouver une désertion qui aurait anéanti ma maison de Saint-Germain. Ainsi, la prudence, et non l'ambition, me portèrent (*sic*) vers ce nouvel état, et je vécus à Ecouen pendant sept années soumise à la plus exacte claustration et loin de toutes les injustices des cours [1].

Dans le siècle où nous vivons, on ne peut s'en prendre qu'aux événements publics pour la plus grande partie des malheurs particuliers [2]... Comment me reprocherais-je la trop médiocre existence que je laisserai à mon fils, lorsque deux fois je me suis trouvée placée de telle sorte que je n'en pus éviter de voir le médiocre édifice de ma fortune englouti sous les décombres du trône ? Cependant, pour me consoler au moins de ce genre de malheur, je me retrace le dénûment total où je me trouvai en 1792 après la chute des Bourbons : ma maison incendiée, mes biens et mes places anéantis, mes propres hardes pillées, puisqu'il ne me restait qu'un déshabillé d'indienne qu'une de mes femmes m'avait prêté pour me déguiser et me soustraire, le 10 août 1792, à la fureur du peuple qui assiégeait le palais de nos rois. Heureusement, j'avais eu le temps de mettre dans ma poche à peu près la valeur de 300 louis en bijoux et en argent comptant. Pendant deux années, je vécus sur ces petits débris de ma fortune. Nous nous étions retirés à la campagne; Robespierre tomba quand cette dernière ressource était tout à fait épuisée. Je n'eus le moyen de faire mes courses de la campagne de Coubertin [3] à Saint-Germain, que je choisis pour former mon établissement, qu'en me servant d'un âne : ma misère ne me permettait pas de prendre une autre voiture. J'étais accompagnée dans ces courses fatigantes par ma chère bonne Voisin, qui depuis 40 ans ne m'a jamais quittée et réside encore avec moi depuis qu'elle a perdu la place d'économe d'Ecouen que je lui avais procurée [4]. L'une et l'autre, nous portions à cette époque des sabots; notre inégalité n'existait plus que dans les souvenirs tandis que nos liens d'amitié avaient acquis une force plus grande; [aussi, me suis-je constamment occupée de la traiter en amie éprouvée.]

(1) Loin de toute intrigue de cour (éd. Harlé).

(2) Mme Campan aime à moraliser; nous retranchons dix lignes sur l'inconstance de la fortune. (*V.*)

(3) Commune de Saint-Rémy-lès-Chevreuse.

(4) *Dépensière* serait plus juste. Elle figure en effet sur les papiers d'Ecouen. On y voit que les demandes pour différents postes furent très nombreuses; en regard du nom des solliciteuses, on mettait celui des personnages qui les recommandaient. (*V.*)

Ma maison de Saint-Germain ne tarda pas à me procurer la plus douce satisfaction que j'aie éprouvée dans tout le cours de ma vie, ce fut celle de pouvoir offrir à ma vertueuse et si tendre mère toutes les choses nécessaires à son âge, un bel appartement, un jardin agréable, une servante uniquement occupée d'elle, mes soins personnels, les délassements d'une agréable société, enfin la consolante vue des rapides et heureux progrès de mon entreprise ont au moins consolé ses dernières années et adouci les chagrins que lui donnaient l'éloignement de son fils. J'acquis aussi les moyens de faire soigner mon mari revenu valétudinaire d'Italie, qu'il n'avait quittée qu'à la fin de 1792, parce qu'il me devenait impossible de lui faire passer de l'argent en pays étrangers. Ma position me donnait en même temps le bonheur de pouvoir faire tous les frais de l'éducation de mon fils et me procura assez promptement une autre jouissance bien réelle, celle de payer trente mille livres de dettes contractées par mon mari et signées par moi.

[Je dois vous dire que deux estimables familles de votre bonne patrie (1) ont contribué à mes premiers succès]. J'avais près de vingt élèves au commencement de 1795, mais elles payaient leur pension en assignats, et chaque jour, la dépréciation du papier-monnaie devenait si rapide que ce qu'elles me donnaient ne fournissait pas à la dixième partie des dépenses d'une maison où je réunissais déjà trente personnes. Il m'était d'autant plus impossible de soutenir cette maison que les fermiers ne voulaient plus être payés en papier, et avaient monté le taux du blé à un tel degré que j'ai donné 15 louis d'or pour un sac de farine du poids de trois cents livres. Un soir, après avoir fait ce dernier effort, sentant que je ne pouvais le recommencer, et que la plus affreuse disette allait disperser loin de moi ce commencement d'un précieux troupeau, j'étais livrée à la plus grande douleur; ma bonne mère la partageait et pleurait avec moi; nous nous demandions comment nous allions vivre, lorsque j'entendis le bruit d'une voiture qui s'arrêtait à ma porte, chose que la misère publique rendait alors fort rare : c'était M. Monroe, digne

(1) Rappelons que ces notes de famille sont dédiées par Mme Campan à la branche américaine, issue d'Edmond-Charles Genet. (V.)

président [alors ambassadeur des États-Unis en France[1], son aimable compagne] et sa [vive et] jolie Elisa qu'ils venaient confier à mes soins; bientôt après, ils me procurèrent cinq jeunes Américaines, filles de M. Prinkney, qui passait par la France pour se rendre à Madrid après avoir été ambassadeur à Londres. M. Monroe et M. Prinkney voulurent bien stipuler nos arrangements en me disant que je serais payée dans la monnaie de leur pays, non dans la nôtre[2] qui chaque jour subissait une dépréciation[3] si prodigieuse [qu'on ne pouvait baser d'honorables et justes arrangements sur un pareil signe représentatif]. Par eux, l'argent reparut dans ma maison quand on n'aurait pas trouvé un seul louis [d'or] dans toute la ville de Saint-Germain. Deux familles américaines ont donc, de fait, fondé un établissement dont les destinées bizarres ont depuis fait sortir une foule de duchesses, de princesses et de reines. De ce moment, je changeai de maison et louai le plus bel hôtel de la ville[4]. J'eus aussi l'heureuse idée de prier les parents de [mes jeunes Français] mes élèves de ne plus me payer en assignats, mais de s'ingérer (*sic*) pour s'acquitter en farine; un grenier fut préparé pour recevoir leurs envois; ainsi, les Françaises me devinrent utiles et les Américaines à elles seules, défrayèrent toute la maison pendant plus de huit mois que le cours des assignats eut encore lieu[5]. En 1806, j'avais déjà plus de cent élèves. J'eus le bonheur d'admettre dans cette maison bien des personnes victimes des crises du temps; quelques-unes en ont été reconnaissantes, et me consoleraient d'avoir fait beaucoup d'ingrats, si le bonheur de soulager l'humanité souffrante avait besoin d'une autre jouissance.

Je n'ai [eu] qu'un seul enfant; le Ciel me l'a conservé. Unique stimulant de mes courageuses entreprises, j'avais

(1) Ministre plénipotentiaire. En 1803, il négocia l'achat de la Louisiane. En 1816 et en 1820, il fut élu président de l'Union. C'est à lui qu'on doit la fameuse doctrine de Monroë. (*V.*)

(2) Non dans celle de France (éd. HARLÉ).

(3) Une perte (éd. HARLÉ).

(4) 18, rue des Ursulines.

(5) Ed. HARLÉ : « J'aime à conserver tous les souvenirs de reconnaissance, et ceux qui s'adressent aux compatriotes de la chère famille de ma sœur ne peuvent manquer d'avoir une première place dans ma mémoire et dans mon cœur. »

atteint le moment où j'allais voir mes travaux couronnés. Huit années de fonctions d'auditeur au Conseil d'Etat lui donnaient le droit à une place de préfet; aussitôt qu'il aurait été en possession de ce poste honorable, j'étais assurée de le marier avantageusement. La chute du gouvernement de Napoléon détruisit toutes nos espérances. Mon fils quitta Toulouse où il était employé et se retira à Montpellier où sa santé malheureusement très délicate lui faisait rechercher les avis des médecins qui résident dans cette ville; il y vivait solitaire dans le moment où le maréchal Ney fut arrêté. Un vieux gentilhomme que les opinions de ce moment avaient fait sortir d'un antique château pour remplir le poste de maire de la ville de Montpellier [1], sut que M. Campan, ancien auditeur sous le règne de Napoléon, fils de la surintendante d'Ecouen, cousin germain de la maréchale Ney, était à Montpellier, qu'il se promenait toujours seul, qu'il avait l'air fort triste! Suspecté d'être bonapartiste, on l'arrêta, on lui mit des menottes, on le traîna dans une infecte prison. Il y resta deux mois et demi, et vint ensuite me rejoindre à Paris, où j'étais fort malade; sa propre santé fut attaquée gravement par une semblable détention et par les nouveaux malheurs de ses parents; il est heureusement rétabli; il aime l'étude, le recueillement; il me donne toutes les consolations qu'un tendre fils, homme d'honneur et d'esprit, peut donner à une mère sensible, mais il ne peut me dégager de la triste et persévérante pensée que je le laisserai, après moi, sans aucune fortune et peut-être sans état [2].

(1) Le marquis de Dax d'Axat. — Le *Moniteur* loua ses efforts pour apaiser en 1814 les troubles de Montpellier (*V.*).

(2) Henri Campan était né le 31 octobre 1784. Il fut nommé auditeur au Conseil d'Etat en 1805, et, ensuite, en cette qualité, chargé de diverses fonctions. Il était à la suite de l'armée, en Prusse et en Pologne, en 1806 et 1807, comme intendant ou administrateur d'une province. Il a été administrateur des postes en 1807. Attaché à l'arrondissement d'Orléans, il a porté le portefeuille à Madrid, à travers l'Espagne en pleine insurrection. En août 1811, il fut envoyé à Toulouse comme auditeur au Conseil d'Etat en service extraordinaire avec les fonctions de commissaire spécial de police, et il est resté dans ce poste jusqu'à la première Restauration. Cette situation était bien plus relevée que nous supposons avec nos idées actuelles. En juillet 1813, il a quitté effectivement ses fonctions de commissaire spécial de police à Toulouse, pour un long congé de maladie, mais les conservant en titre. En mars 1813, il avait été nommé préfet d'Amiens, mais cette nomination fut de suite annulée... Je résume : Henri Campan, mauvais employé. Les hautes influences dont il dispose ne peuvent le faire avancer. Elles ont assez à faire de le repêcher. En 1814, après la chute de Napoléon, Henri Campan se réfugie à

Je me suis retirée à Mantes [petite ville entre Paris et Rouen]. J'ai senti un besoin extrême de respirer, non seulement loin de la société de Paris, mais loin du bruit qu'amènent les grandes réunions. Les bois, les campagnes conviennent pendant l'été à mes goûts et à ma santé, et l'hiver, j'aime encore le calme d'une petite ville et l'agrément d'en parcourir les rues sans craindre d'être écrasée par des milliers de voitures et de gens à cheval. En province, les loyers sont [à bon marché] moitié moins chers qu'à Paris [j'ai toute une maison et un assez joli jardin pour la même somme qui me logerait à Paris dans quatre chambres à un troisième étage (1); les vivres sont ici de la moitié moins chers], et je suis depuis quatre ans constamment satisfaite du parti que j'ai pris.

Voilà mes chers enfants, où en est en ce moment ma laborieuse carrière. Elle s'avance, mais le voyage de la vie a été [assez] long et [assez] pénible pour votre bonne tante (2). Si mon fils vient à se marier, s'il a jamais une famille, accordez-lui ce tendre intérêt que j'ai porté à la mienne.

Je vous ai assez longtemps occupés de moi (3). Je vais successivement vous faire connaître vos tantes et vos cousines.

Montpellier. Aux Cent Jours, invité par l'empereur à reprendre son service d'auditeur, il profita de l'éloignement pour ne pas donner signe de vie... Il a été arrêté le 5 décembre 1815; on l'a garrotté; escorté de 20 fusiliers, on l'a promené par les rues, de prison en prison, au milieu d'une populace qui vociférait : « A la mort ! au supplice ! à la potence ! ». « Parmi ses papiers, on a trouvé des imprimés qui sont des écrits pour et contre la cause du roi, ce qui nous a confirmé dans l'idée de l'esprit captieux et à double entente dudit Campan. » (*Correspondance de la police de Montpellier*). Il a passé les dernières années de sa vie à Paris, rue Saint-Lazare, 58, soi-disant à la recherche d'une position. Il a toujours coûté beaucoup d'argent à sa mère, excepté quand il administrait une province conquise, en Prusse (éd. HARLÉ, *op. cit.*, II[1], pp. 226-231, *passim*).

(1) C'est-à-dire de nos jours, à un cinquième étage. Dans les vieilles maisons de Paris, jusqu'au milieu du second Empire, le troisième étage était habité par des personnes de condition moyenne. Sous Louis-Philippe, un prédicateur fit un sermon sur le troisième étage, c'est-à-dire sur les petits bourgeois — et leurs vertus probablement. (*V.*)

(2) Un ton gémissant est assez habituel à Mme Campan. « De 1816 à la fin de sa vie, dit M. Harlé, elle n'a cessé de se plaindre de sa situation presque misérable »; or, « elle fut gratifiée par Louis XVIII d'une pension de 6.000 francs confirmée lors de la seconde Restauration. Elle a continué d'ailleurs à recevoir de la reine Hortense une pension accordée en 1807, mais j'ignore si elle a touché jusqu'à la fin de sa vie la pension viagère de 3.000 francs qui lui a été assignée depuis 1812 par la Grande duchesse de Bade — Stéphanie de Beauharnais — son ancienne élève. »

(3) Elle est morte à Mantes le 16 mars 1822, rue Tellerie, actuellement n° 9; la maison existe toujours. — La fidèle Voisin mourut peu de temps après, et fut enterrée auprès d'elle. (*V.*)

Dans une lettre à la reine Hortense, du 15 décembre 1813, elle lui expose sa situa-

Puissé-je par cet écrit avoir à jamais établi un lien indestructible entre notre famille des États-Unis et celle de France !

FAMILLE ROUSSEAU (1).

Julie Genet.

Mariée à M. Rousseau.

« Il faudrait avoir un style aussi gracieux, aussi aimable, aussi pur que le sont à la fois le caractère et les qualités de la chère Julie, pour vous faire bien connaître cette aimable sœur de votre père; elle est sa marraine; elle a plusieurs années de plus que lui, et ce fut par ses soins la seconde mère d'un filleul qu'elle affectionnait tendrement.

Jolie, élégante de taille, douce, constamment gaie, ayant de l'esprit naturel, mais peu de goût pour les études sérieuses, elle désarmait notre bon père par ses saillies et ses gentillesses quand il voulait la gronder sur le peu d'attention qu'elle donnait à ses leçons d'histoire, de géographie, de grammaire. Elle avouait qu'elle se sentait si peu de goût pour ces études, et un si dominant attrait pour son piano-forte et pour les leçons de solfège et de chant d'Albanèze, célèbre chanteur du conservatoire de Naples que la cour de France avait attiré à Versailles, notre maître de musique, qu'il fallut se contenter de la voir écrire passablement, chanter et s'accompagner parfaitement. En effet, en peu d'années, son talent parvint à un degré assez supérieur pour qu'elle fût souvent invitée aux concerts des princesses filles du Roi, où la conduisait ma mère; mais ce talent futile n'était pas ce qui la distinguait aux

tion : « L'Empereur me croit riche, et m'a crue menteuse. Sur premiers bénéfices à Saint-Germain, j'ai acheté du mobilier; j'avais été pillée et brûlée; j'ai payé 30.000 francs pour mon mari; j'ai acheté une ferme de 25.000 francs; la guerre a tué ma maison, et pendant les cinq dernières années, j'ai perdu dans cet établissement 12.000 francs par an. Je suis arrivée à Ecouen avec 60.000 francs de dettes. Grâce aux bontés de Votre Majesté et des princesses depuis deux ans, j'en ai payé 25.000; j'en dois encore 35.000. », et elle prie la reine de ne pas oublier sa pension pour le 1er janvier. — Certains auteurs l'appellent la baronne Campan — à tort, et ce fut pour elle un crève-cœur de n'avoir pas ce titre (*Même lettre*). Sur la demande de Lacépède, grand chancelier de la Légion d'honneur, l'Empereur venait d'accorder 40.000 francs et le titre de baronne à la surintendante de Saint-Denis. — Mme Campan avait même caressé l'idée d'être la directrice générale des deux maisons et aussi celle de la rue Barbette — : « Ne laissez pas prolonger l'injuste humiliation que je viens de recevoir ». — Mme du Bouzet, surintendante de Saint-Denis, avait pour titre d'être la veuve d'un colonel tué à Jemmapes. (*V.*)

(1) Ed. HARLÉ, *op. cit.*, pp. 45-49.

yeux de mon père, qui savait l'apprécier; la bonne et jolie cantatrice était une excellente ménagère; les détails de la laiterie la charmaient; elle s'en occupait et rendait un compte exact à notre mère; elle veillait à l'arrangement, à la propreté de la maison, à l entretien du mobilier, donnait des ordres à la cuisine, et ce joli rossignol répétait dans tous les coins de la maison les chants des meilleurs maîtres de l'Italie et ceux de nos bons compositeurs, égayait l'intérieur de la maison, en même temps qu'elle y portait des soins précieux. Nous avions eu la même éducation; nous nous chérissions comme peu de sœurs se sont chéries, et nous nous ressemblions fort peu. J'avais un cabinet à moi, des livres, et j'y passais une grande partie de la journée. Julie ouvrait de temps en temps la porte de ce cabinet, m'y embrassait, et me disait : « Travaille, travaille, savantasse; pour moi, je cours, je chante et je ris. Je l'assurais que je n'étais pas une savantasse, que j'en saurais trop peu pour devenir une savante, mais que je m'amusais à ma manière comme elle à la sienne.

Je vous ai parlé de l'ordre et de la propreté que Julie faisait régner dans la maison pour prouver aux filles de la famille Genet que les domestiques ne suffisent pas, et que le goût et les soins d'une maîtresse de maison donnent seuls à ce qui les environne le précieux éclat de la propreté [1]. Personne n'a porté ce goût précieux aussi loin que la bonne tante Rousseau, et n'a uni à des qualités aussi solides autant de charme et de gaîté; malgré les nombreux malheurs dont elle a été accablée; un rien la ranime et lui rend encore son activité.

Elle fut mariée à 17 ans à M. Rousseau qui n'en avait que 20 [2] et était le plus bel homme de Versailles quand elle

(1) L'édition Harlé donne ici vingt-sept lignes d'un développement sur la propreté (*F.*).

(2) Elle avait dix-sept ans et le mari vingt-trois. Augustin-Bernard-Louis-Joseph Rousseau, né le 7 août 1748, était maître des exercices militaires des Enfants de France. Il fut incarcéré après le 10 août 1792. Relâché, il fut arrêté de nouveau, enfermé à l'Abbaye et guillotiné le 13 juillet 1794. Sa femme était remueuse des Enfants de France. « Elle habitait rue des Réservoirs, dans les dépendances du château. Le Roi, en 1790, la rencontra dans les couloirs; elle avait dans les bras le petit Amédée, lui demanda des nouvelles de son poupon, et il s'assura qu'il avait déjà deux ou trois ans en lui mettant les doigts dans la bouche. » (*Note de M. Arthur de Beauplan*). Voici ce que dit d'elle Mme VIGÉE-LEBRUN, *Souvenirs*, t. Ier p. 181, ...« fort aimable femme, que la Reine avait attachée au service du premier

en était la plus jolie fille. Lorsqu'ils furent l'un et l'autre présentés à Louis XV à l'époque de leur mariage, le Roi dit qu'il avait vu dans le cours de sa vie peu de jeunes couples d'une aussi grande beauté. M. Rousseau était d'une très bonne famille; par les femmes, il est allié aux familles les plus distinguées, c'est-à-dire à des gens qui prouvaient une longue série d'aïeux. Pour lui, son origine commençait à un Rousseau qui avait été nommé maître des exercices militaires de Louis XIII, fils du roi Henri IV. Il était le septième employé dans ce poste de l'éducation des princes, et cette succession de services lui donnait des titres à leurs faveurs [1].

Votre tante eut quatre fils et trois filles. L'aîné, Auguste, est mort à Cologne aux armées, inspecteur des vivres, place que lui avait donnée votre oncle M. Auguié, alors administrateur général des vivres de l'armée française, pour le soustraire aux dangers de la guerre. Le second mourut au collège, le troisième au berceau. Le quatrième, que l'on nomme Amédée, est un jeune homme très distingué. Il s'est livré à l'étude de la littérature et des beaux-arts, n'a réclamé aucun poste à la cour, et n'en [désire] veut de ce genre. Il écrit en vers d'une manière peut-être trop distinguée pour les craintes de sa bonne mère qui ne veut point qu'il se fasse auteur. Il est grand musicien, et les boutiques des marchands de musique de Paris sont remplies de jolies romances dont les paroles et la musique sont de lui; elles ont assez de vogue pour être non seulement chantées dans nos plus brillants salons, mais pour lui donner l'agrément d'en avoir les oreilles réjouies par les joueurs d'orgues dans les rues [2]. Il est aussi très habile comme amateur dans la peinture; on voit les chambres de sa bonne mère ornées de fort bons portraits et de paysages de sa façon.

dauphin, et qui m'a souvent donné l'hospitalité lorsque j'avais des séances à la Cour. Elle était devenue si chère au jeune prince qu'elle soignait que l'aimable enfant lui disait deux jours avant de mourir : « Je t'aime tant, Rousseau, que je t'aimerai encore après ma mort. » (*V.*)

(1) Sa fille fut lectrice de Mme Elisabeth. — Presque tous les membres de ces différentes familles ont eu des emplois à la Cour. (*V.*)

(2) Voir l'article que lui consacre Fétis dans son *Dictionnaire des musiciens*. (*V.*). Il obtint, en 1819, de s'appeler Rousseau de Beauplan; son fils, Arthur Rousseau de Beauplan fut sous-directeur des Beaux-Arts.

L'aînée des filles de Mme Rousseau est veuve de M. Le Roi, négociant et entrepreneur de grandes fournitures des armées. La seconde fille est mariée à M. Bourboulon de Saint-Edme, nommé receveur général du département de l'Aisne (1). Elle n'a point d'enfants, a de la fortune et vient d'acheter de sa mère la terre de Beauplan (2), agrandie par l'acquisition d'une ferme. La maison est très agréable et bien changée depuis le jour où dans ce salon qui nous réunit encore quelquefois, votre estimable père embrassa sa mère et ses sœurs pour la dernière fois; c'est de Beauplan qu'il est parti pour aller remplir auprès de la République des Etats-Unis le poste d'ambassadeur de la République française; à cette époque, il ne croyait pas nous quitter pour ne plus nous revoir ni servir une patrie ingrate ou plutôt égarée qui le rayerait de la liste de ses plus dévoués serviteurs, et livrerait sa famille au glaive sanglant qui nous a tous menacés et a frappé parmi nous, non seulement le maître de la maison où il nous faisait ses adieux, mais sa belle et vertueuse sœur Adélaïde Genet (Mme Auguié). Mme Rousseau a une troisième fille. Si la fortune n'avait pas souri à sa famille, elle s'était assuré un assez beau talent pour la peinture, et aurait pu vivre par le produit de son pinceau. Elle est mariée à un galant homme, M. de Villars, qui est en Auvergne, où il a obtenu une place en indemnité d'un poste plus considérable qu'il possédait du temps de Napoléon. Sa femme peut vivre sur son propre revenu; et n'a pas eu d'enfants (3).

(1) « Agathe était sans dot, et M. Bourboulon Saint-Edme sans fortune, mais la reine de Hollande avait gardé une vive affection pour Mme Campan, qu'elle voulut étendre à sa nièce Agathe. Grâce à son crédit, la reine Hortense obtint la recette générale de l'Aisne; elle devait être la dot de ma tante Agathe. « La façon de donner vaut mieux que ce qu'on donne ». La reine Hortense eut la charmante pensée d'apporter elle-même la nomination de M. Bourboulon Saint-Edme chez ma grand'mère. Elle habitait alors rue Buffault. C'était le soir, et dans ce temps-là, les maisons n'étaient pas éclairées au gaz; il n'y avait pas de tapis dans l'escalier, et les concierges, qui étaient encore des portiers, n'habitaient pas des salons, mais de simples loges souvent obscures et toujours infectes. Donc, la simple portière de la rue Buffault, voyant une belle dame descendre d'une élégante voiture de maître, se montra bienveillante et confia à la Reine un bougeoir muni d'une chandelle de six, comme on disait alors, pour que la visiteuse ne se rompît pas le cou dans un escalier non éclairé. On peut penser comment cette apparition fut accueillie : quelle joie, quelle reconnaissance ! » (*Note de M. Arthur de Beauplan.*)

(2) Dans la commune de Saint-Rémy-lès-Chevreuse.

(3) Mme de Villars était une personne fort originale. « Elle était peu faite pour le mariage... son mari comprit que le moyen de vivre en bonne intelligence avec

FAMILLE AUGUIÉ (1).

Adélaïde Genet.

Mariée à M. Auguié.

La troisième fille de notre père était Adélaïde Genet. Elle a été une des plus belles et des plus vertueuses femmes de Paris (2). Etant fille, elle venait me voir très souvent au palais de Versailles, quand mes devoirs de cour m'y faisaient séjourner. La jeune reine la vit; sa beauté, et surtout son air gracieux et modeste lui plurent infiniment; enfin, un jour, elle m'appela en particulier et me dit de voir M. Genet de sa part, et de lui demander s'il lui conviendrait d'avoir sa fille placée parmi les jeunes personnes qui composent sa chambre; qu'elle prenait de tout son cœur l'engagement de marier Mlle Adélaïde et d'assurer à celui qui demanderait sa main une des premières charges de finance. Je partis sur-le-champ pour annoncer à mon père un événement qui le comblait de joie. C'était leur troisième fille pourvue et mariée, et son patrimoine était en partie dissipé; le moment d'établir ses enfants lui donnait de justes soucis. M. Auguié, né à Figeac, dans le midi de la France, tenait à une des familles les plus recommandables de sa province. Déjà pourvu du poste de munitionnaire général

sa femme était d'habiter au Sud quand elle habitait le Nord ». Il se confina donc en Auvergne. Mme de Villars avait eu pour professeur de peinture Pierre Franque, élève de David. Celui-ci avait hérité de plusieurs chefs-d'œuvre de ce maître. C'est lui qui avait peint les enfants dans le tableau de l'*Enlèvement des Sabines*. C'était un classique; il y a de lui une bataille au musée de Versailles [*la Bataille de Lens, 1648*]. Pierre Franque a fait quantité de copies pour ce musée. Le roi Louis-Philippe l'avait pris en affection; il allait le voir dans l'atelier qu'on lui avait prêté au Louvre. Le Roi se plaisait à suivre les progrès des tableaux qu'il lui avait commandés. Il était d'une modestie et d'une timidité sans égales. Quand il recevait la visite du Roi dans son atelier, cela le troublait profondément; il appelait le Roi Monsieur; il lui arriva un jour dans son trouble de prendre la canne de Sa Majesté et de s'en servir comme d'un appui-main. Au moment de partir, le Roi chercha sa canne : « Je l'avais posée dans ce coin », et Franque, la tenant avec sa palette, l'aidait dans sa recherche. Ce fut le Roi qui s'aperçut de sa méprise, à la grande confusion du pauvre artiste. Lui aussi, avec sa mine, sa mise, ses manies, ses tics, il était un original. » (*Note de M. Arthur de Beauplan.*)

(1) Ed. HARLÉ, *op. cit.*, pp. 50-57.

(2) « J'ai peu connu, dit Mme VIGÉE-LEBRUN, de femmes aussi belles et aussi aimables que Mme Auguier (*sic*). Elle était grande et bien faite; son visage était d'une fraîcheur remarquable, son teint blanc et rose et ses jolis yeux exprimaient sa douceur et sa bonté. » (*V.*)

des vivres de l'armée, il se présenta pour obtenir la main de ma sœur. Il était aimable, galant dans la société, d'une figure agréable, et fait autant pour plaire à ma sœur que pour convenir à mon père. La Reine dota ma sœur d'une pension de 7.000 livres, d'un très beau présent en diamants, et donna de plus l'engagement du ministre des finances pour que M. Auguié fût pourvu de la première charge de receveur général des finances qui viendrait à vaquer (1).

Ce mariage se fit sous les plus heureux auspices; peu de temps après, il obtint la recette générale du duché de Bar et de Lorraine et conserva son ancienne place: cette charge rapportait près de cent mille livres par an (2). M. Auguié a toujours fait un très bon et très honorable emploi de ses richesses et en a laissé fort peu à sa famille, non par prodigalité, mais par des pertes que la Révolution rendit inévitables.

Mme Auguié eut trois filles : Antoinette-Augustine, mariée à M. Gamot — elle est filleule de l'infortuné Louis XVI et de Marie-Antoinette —; Eglé Auguié, mariée au maréchal Ney; Adèle-Augustine, mariée au général de Broc.

L'attachement de Mme Auguié pour la Reine fut ce que votre cœur vous dira qu'il devait être. Aussitôt que les fureurs révolutionnaires amenaient des dangers pour la famille royale, ma sœur accourait de Paris à Versailles, et ne quittait plus [son poste auprès de] son infortunée et auguste protectrice, qui, pour ces preuves de dévouement, l'avait surnommée *sa Lionne*.

Elle eut le bonheur dans la terrible journée du 6 octobre 1789, de sauver les jours de la Reine, en volant au-devant d'assassins qui se présentaient en foule à une porte qu'elle eut le courage de fermer et de barricader pour s'opposer à leur entrée, ce qui donna le temps à la Reine de s'enfuir à peine vêtue dans l'appartement du Roi.

Il n'était pas question, dans ce temps-là de dévouement, d'aucune opinion politique; le cœur et la reconnaissance formaient pour ma sœur et pour moi la base des lois les plus

(1) Signèrent à ce contrat : la Reine, la princesse de Lamballe, la princesse de Chimay, le prince de Montbarrey, le comte de Vergennes.

(2) Il acquit, près de la machine de Marly, un château, la Chartreuse, avec un fort beau parc. (V.)

saintes. Quand on suit ce que ces sentiments dictent et imposent, on ne risque pas de s'égarer. Ce qui cache les pièges les plus dangereux, ce qui creuse les abîmes les plus inévitables, ce sont ces temps funestes pendant lesquels, sans rien changer à sa conduite privée, sans quitter ses foyers paternels, sans dévier un instant de la route tracée par l'honneur même, les lois, les institutions de votre patrie viennent à changer et vous imposent successivement des devoirs nouveaux. Malheur aux gens qui, par des motifs d'une louable reconnaissance ou par une convenable bienséance, ne foulent pas aux pieds à l'instant même l'image de ceux pour lesquels ils doivent conserver des égards ! Ils sont alors écrasés sans ménagement par ces hommes, qui, sans rougir, changent en une minute leur langage et déchirent ceux qu'ils venaient d'encenser. En France, une foule de gens semblables ont surnagé et se trouvent encore à flot malgré la fureur des tempêtes, tandis que les parents de votre père ont deux fois payé de leur sang et de leur fortune des événements qui les ont trouvés dans des postes honorables, quoique [mille intrigants] nulles intrigues ne les y eussent placés.

A la journée du 10 août, le palais des Tuileries fut assiégé, et le trône de Louis XVI fut renversé [1]... La Reine fut pendant 24 heures prisonnière à l'Assemblée nationale. De là, elle nous fit demander de la venir trouver; nous y volâmes au péril de notre vie. Pendant le trajet que la Reine eut à faire de son appartement des Tuileries à la salle des députés, elle avait été assez pressée par la foule pour qu'un voleur l'ait dépouillée de sa montre et de sa bourse. Ma sœur prêta 25 louis à cette malheureuse princesse. On transféra la famille royale au Temple. Pétion, maire de Paris, nous refusa la permission d'y suivre la Reine [2].

Nos devoirs se trouvaient entièrement terminés. Nous nous retirâmes d'abord à Beauplan, puis nous louâmes le château

(1) Nous supprimons quelques lignes sans intérêt (V.).

(2) Dans les *Souvenirs* de Mme VIGÉE-LEBRUN (t. Ier, pp. 177-178), on voit que Mme Campan était accusée d'avoir abandonné et trahi la reine. La grande artiste — cela se passait à Saint-Pétersbourg — prit sa défense. Mme Campan la remercie dans une assez longue lettre où elle fait naturellement son apologie. On y remarque ce détail qu'elle « n'avait pu amener son esprit à concevoir le plan de l'émigration. » (V.)

de Coubertin qui n'est qu'à un mille de celui de Beauplan. Votre père quitta la France le 23 janvier 1793.

A partir du 31 mai de cette même année, lorsqu'on eut fait monter sur l'échafaud tous les députés républicains et non sanguinaires, la France resta livrée aux fureurs de Marat, de Danton et de Robespierre (1)... C'est à cette époque de la Terreur que votre père fut dénoncé, destitué, et qu'une mort inévitable l'attendait en France s'il eût quitté vos rives protectrices. L'Assemblée crut un moment qu'il avait eu la témérité de se rendre en France, et qu'il venait de débarquer à Brest; aussitôt les gazettes annoncèrent l'arrivée et la mort du ministre Genet (2).

Ce jour-là, des affaires impérieuses m'avaient forcée de me rendre de la campagne à Paris pour y passer quelques jours déguisée en espèce de paysanne. Je donnais le bras à ma fidèle bonne Voisin, lorsque j'entendis deux hommes qui criaient à haute voix dans les rues les articles les plus importants de la gazette du jour; ces crieurs répétaient alternativement [aux deux côtés de la rue] : « Arrivée dans le port de Brest de Genet, ambassadeur de la République auprès des Etats-Unis; ce ministre fera de suite le saut périlleux à la guillotine ». Ah ! mes chers enfants, ces seuls mots lus après 25 ans révolus et à tant de distance du lieu où ils frappèrent mes oreilles et déchirèrent mon cœur, viennent sans doute de vous faire éprouver une vive émotion. Jugez ce que la sœur la plus tendre dut à l'instant même ressentir. Mme Voisin [me vit pâlir, chanceler; j'allais tomber dans la rue, je pouvais y être reconnue et passer à l'instant même dans la fatale charrette qui plusieurs fois a conduit des gens à l'échafaud sans jugement préalable, pour de simples exclamations d'effroi ou d'improbations publiques. Ma fidèle amie] me soutint et me porta presque dans une boutique où des gens humains rappelèrent mes sens. Dès le jour même, j'appris que mon frère n'était pas revenu; et je retournai à la campagne pour ne plus la quitter.

Le 17 septembre 1793, parut la loi sur les suspects... Tous ces suspects étaient désignés pour la mort, et, en attendant,

(1) Suppression de quelques lignes sur Charlotte Corday, sans intérêt (*V.*).

(2) C'était un nommé Duval, sous-secrétaire, qui en effet venait d'arriver à Brest.

réunis sous la surveillance du peuple souverain et gardés par les sans-culottes, qu'on était obligé de payer fort chèrement, de nourrir à sa table et de traiter avec tous les égards qu'inspire le plus violent effroi, car une dénonciation de la part de ces misérables faisait à l'instant même appeler au funeste tribunal, tandis que bien payés, bien nourris, ils ne se pressaient pas de se dessaisir de leurs prisonniers. M. Auguié avait quatre de ces surveillants; nous en avions un, M. Rousseau un. Bientôt après le pauvre Rousseau fut conduit dans les prisons de Versailles et de là à l'échafaud. M. Auguié fut mis en prison à Paris. Il y mangeait avec tous les premiers financiers de Paris, et de [cette table de] quarante individus, un seul après lui n'eut pas la tête tranchée. Cette pensée l'a longtemps poursuivi. Le triste tableau de toutes ces personnes décapitées, uni aux déchirants regrets sur la perte d'une femme justement adorée, pouvait se tourner [(1)] en idées fixes qui produisent ordinairement l'aliénation de l'esprit. Des voyages dans les Pays-Bas qu'il fut contraint de faire et les qualités aimables et touchantes de ses trois filles le rendirent à la vie [(2)].

J'ai anticipé sur le récit de nos malheurs, tant il en coûte à mon cœur d'avoir à me retracer la fin de votre vertueuse tante Mme Auguié. Elle fut occasionnée par le procès de la Reine, qui crut devoir déclarer que les 25 louis, qu'elle avait pour seul argent de poche lui venaient de Mme Auguié [(3)] qui les lui avait prêtés quand elle était prisonnière à l'Assemblée nationale.

Plusieurs mois se passèrent entre cette déclaration de la Reine et l'arrestation de ma sœur et de moi.

On nous a assuré que le secrétaire du tribunal avait écrit *Augal* au lieu d'Auguié, avec l'intention, sans la connaître, de sauver une victime aussi innocemment désignée, car la

(1) Se terminer (éd. HARLÉ).

(2) Et très bien, d'après une lettre de Mme Campan : « Paris, 30 juillet 1808. Mon Eglé (la maréchale Ney), ton père — il avait près de 70 ans — est toujours dans *le suprême bon ton* dans les galantes et mystérieuses manières, partant pour Bagi (*sic*) en poste ou ne le disant qu'à son valet de chambre, laissant ses amis et même sa famille dans l'incertitude sur le lieu où il a porté ses grâces et ses soupirs. »

(3) Devaient être rendus à Mme Auguié (éd. HARLÉ)

pauvre Reine ne pouvait supposer, en sortant d'un lieu où elle était privée de toute communication avec les hommes, qu'ils fussent devenus assez féroces pour qu'un fait aussi simple fût transformé en crime. Enfin, neuf mois après, tandis que nous étions rassurés par le mot *Augal* imprimé dans tous les papiers à la place du vrai nom de ma sœur, un atroce homme de qualité dont je tais le nom pour ne pas rendre les haines de famille héréditaires, prit le rôle affreux de *mouton* de Robespierre (c'est ainsi qu'on désigne des gens mis en prison pour servir d'espions aux prisonniers de Robespierre), fit une note qu'il signa, et adressa au comité de Salut public. Cette note portait ces mots : « J'ai parcouru toutes les prisons de Paris; je m'étonne de n'y point trouver Mme Auguié, désignée par erreur dans le procès de Marie-Antoinette sous le nom d'Augal; elle et sa sœur, Mme Campan, devraient être en prison depuis longtemps ». A l'instant même un mandat d'amener fut lancé contre ma sœur et un d'arrêt par des gendarmes contre moi. Quatre gendarmes arrivèrent à notre campagne; ma sœur qui devait aller de suite à la prison de la Conciergerie où les victimes ne résidaient plus qu'un jour ou deux, ne voulut pas être arrêtée; elle s'enfuit sur un âne à travers les champs, atteignit Paris, et par l'effroi d'une semblable position, perdit l'usage de la raison, mais dans sa folie elle traçait sur des papiers : « Si je meurs sur l'échafaud, mon mari, déjà prisonnier, doit aussi périr. Nos biens seront confisqués; mes filles, que deviendrez-vous? Si j'évite l'échafaud, je puis peut-être vous sauver le bien qui m'est personnel ». Cependant, des signes de véritable aliénation précédèrent le moment où elle se précipita par une fenêtre d'un appartement d'hôtel garni rue de Ménars, près de la rue de Richelieu, où elle s'était cachée (1). Quel désespoir régna parmi nous (2). Deux jours après, Robespierre et son épouvantable tyrannie croulèrent; les prisons s'ouvrirent. M. Auguié en sortit, mais il ne retrouva dans sa maison que le désespoir et le deuil de la femme [la plus] justement chérie. Antoi-

(1) Ces mots manquent dans le texte de M. Harlé; ils auraient abrégé ses recherches sur l'emplacement de cet hôtel. (*V.*)

(2) M. WELSCHINGER, *Le maréchal Ney*, 1893, dit qu'à la nouvelle de l'exécution de la Reine, Mme Auguié devint folle. Cela prouve combien l'exactitude absolue est difficile à obtenir. (*V.*)

nette, sa fille aînée, pensa mourir de douleur; la gaîté de son âge disparut pour toujours, et le malheur fit éclore en elle une raison précoce qui ne s'est jamais démentie.

Pendant que nos cœurs étaient déchirés par la douleur, la France entière était livrée à la joie; on se cherchait, on se rencontrait, on se disait : il faut vivre, nous le pouvons à présent, notre pays se relèvera. Combien il est aisé de voir en ce moment qu'une audacieuse minorité poussée à d'horribles excès par une imprévoyante opposition, avait égaré et comprimé la véritable et saine majorité de la nation française.

Ce fut à cette époque même que je me transportai à Saint-Germain. Antoinette suivit son père à Paris. Eglé et la pauvre Adèle vinrent se ranger parmi mes premières élèves. Leur sœur aînée venait les y retrouver quand M. Auguié était appelé pour le service des armées.

Mme de Beauharnais, depuis impératrice, sortit aussi des prisons de Robespierre qui avait fait périr son mari; elle vint à cette même époque me confier sa fille et sa nièce. L'amitié la plus sincère et la plus consolante s'établit entre l'aimable Hortense et mes nièces; et cette innocente liaison détermina leurs destinées brillantes et décevantes, dont elles ont pu être justement éblouies, mais qui les conduisaient, ainsi que celle que le hasard leur avait donnée pour appui, vers de nouvelles infortunes. M. Auguié, pourvu de la place d'administrateur des Postes, a joui longtemps de l'élévation de sa famille; il a terminé sa carrière à l'âge de soixante-seize ans, six semaines avant la douloureuse fin du maréchal. Ses restes sont déposés au cimetière du Père-Lachaise [à Paris], dans le même caveau où reposent ceux du Brave des braves.

Antoinette Auguié (1).

Fille d'Adélaïde Genet et de Pierre-César Auguié.

Elle épousa, en brumaire an VII, Charles-Guillaume Gamot. Celui-ci, après de bonnes études faites à Paris, fut envoyé au Havre dans la maison de commerce Fouache et Bégouën : « Il s'y distingua, et, à 23 ans, il fut nommé agent de cette maison et de la ville du Havre à Saint-Domingue; à 25 ans, sa fortune

(1) Ed. HARLÉ, *op. cit.*, pp. 58-62

était déjà considérable, lorsque l'insurrection des noirs dévasta cette colonie ; il perdit tout ce qu'il n'avait pas fait passer en Europe, et se retira à New-York ». Il revint après la Terreur, et fonda à Paris, avec des associés, une maison de commission et de banque. « Sa fortune marchait d'un pas si rapide qu'il avait 23 navires sur les mers tant à lui qu'à ses associés, lorsque la rupture du traité d'Amiens les firent capturer en totalité par les Anglais ». Il avait heureusement mis quelques capitaux de côté. En l'an XII, lorsqu'on créa l'administration des Droits réunis, il obtint d'être nommé l'un des cinq administrateurs placés sous l'autorité du directeur général [1]. Enfin, en 1812, il est nommé préfet, dans la Lozère « dans le dernier département de la France », dit Mme Campan.

Au retour de l'île d'Elbe, Napoléon passa par Auxerre. « Un aide de camp le précédait et prescrivit au préfet Gamot de tout préparer dans son hôtel pour recevoir l'empereur; il le reçut. Louis XVIII rentre en France; Gamot fut destitué, au moment d'être proscrit et pourvu de la pension accordée à tous les préfets réformés. Il s'est distingué dans son infortune par les touchantes consolations qu'il a données à son illustre beau-frère dans sa prison de la Conciergerie. Au moment terrible qui a privé la France d'un héros aussi regretté, il vola sur le lieu funeste, se fit remettre les tristes restes de ce corps qui, quelques instants avant avait envoyé vers le Ciel [2] le dernier cri patriotique : Vive la France ! Gamot lava lui-même ses sanglantes plaies, l'ensevelit de ses propres mains et lui rendit les derniers

(1) Gamot était peu satisfait de sa carrière : « Voyez le désespoir de Gamot, écrit Henri Campan à sa mère, le 17 février 1813 : Le 12 mars 1813, M. Gamot fut nommé préfet de la Lozère par décret impérial, puis, par ordonnance du 10 juin 1814, préfet de l'Yonne. Au retour de l'île d'Elbe, il se rallia aussitôt à Napoléon : « A Auxerre, où l'Empereur arriva le 17 mars, écrit M. Jacques RÉGNIER, *Les préfets du Consulat et de l'Empire*, il fut reçu officiellement aux portes de la ville par le préfet entouré des autorités et d'un grand concours de population. Pour la première fois depuis son débarquement, il descendit à la préfecture. Sur la cheminée du premier salon, il aperçut les bustes de l'impératrice et de son fils, et dans le salon suivant, son propre portrait avec les insignes impériaux. Cette délicate attention était due au préfet de l'Yonne, « le bon et sensible Gamot », qui avait fait redescendre le matin même les images impériales du grenier où il les avait reléguées et où gisait maintenant dans la poussière l'effigie de Louis XVIII ». Au retour du Roi, Gamot se rallia de nouveau, et avec la plus grande énergie, à ce souverain... Il demanda vainement à être replacé. — D'après des lettres de Mme Campan à la maréchale Ney, citées par M. Harlé, son extérieur et son ton laissaient à désirer. ...« Il a, à la vérité, conservé un ton de marin des Etats-Unis d'Amérique tout à fait déplacé dans un salon de Paris ». « Ce pauvre Gamot avait des formes souvent repoussantes, mais, plus qu'un autre dans la famille, j'appréciais son énergie..... »

(2) Qui, quelques instants avant, venait de tomber et d'envoyer vers le Ciel... (éd. HARLÉ).

devoirs que la France entière eût voulu pouvoir rendre à un brave qui l'avait si glorieusement servie. Depuis ce temps, M. Gamot a eu sa (*sic*) santé dérangée, mais il n'a point pour cela négligé les intérêts des fils du brave maréchal et a mis dans leurs affaires tout l'ordre nécessaire pour que la mémoire de leur père ne soit attaquée par aucune plainte de ses trop nombreux créanciers [1], il a même travaillé à défendre la gloire du maréchal injustement attaquée pour ses faits militaires dans la désastreuse journée de Waterloo, il vient (il y a quelques mois), de faire paraître une réponse à une attaque du général Gourgaud [2] ».

Eglé Auguié [3].

Mariée à l'illustre et infortuné maréchal Ney.

Eglé, seconde fille d'Adélaïde Genet et de M. Auguié, après la tragique fin de sa vertueuse mère, passa plusieurs années avec moi à Saint-Germain; spirituelle, gracieuse, née pour posséder des talents agréables [4], son enfance et sa jeunesse ont été aisées à diriger; son caractère la faisait chérir de toutes mes élèves; et elle devint, ainsi que sa sœur Adèle, une amie particulière d'Hortense de Beauharnais, qui alors était fort éloignée de penser aux trompeuses grandeurs, encore bien moins au funeste honneur d'être assise sur un trône. Cette Hortense, dont l'étonnante destinée a eu tant de part à celle de ma nièce, était née avec les goûts les plus simples, charmante, sans être fort jolie, organisée pour réussir dans la

(1) On lit dans l'ouvrage : *Joséphine Impératrice et Reine*, par Frédéric MASSON, pp. 148-149 : « Mme Ney, très fière de son rang, décidée à le soutenir par une immense dépense, mène un des plus grands trains de l'Empire et a facilement raison du million de revenu que Ney tire de ses charges et de ses dotations. » (Ed. HARLÉ). Cet argent ne suffisait donc pas, puisqu'il y avait des dettes.

(2) Gamot a écrit une tragédie en trois actes et en vers, *Elisabeth de France, sœur de Louis XVI*, 1797, in-12 — c'est un pauvre ouvrage — et *Réfutation en ce qui concerne le maréchal Ney de l'ouvrage ayant pour titre : Campagne de 1815, par le général Gourgaud*. — M. Pierre Izarn avait communiqué à M. Harlé un gros carnet sur lequel Gamot avait écrit ses notes de voyage quand il quitta Saint-Domingue pour la France en 1793-1794. Son cousin les a reproduites avec une introduction. (V.)

(3) Ed. HARLÉ, *op. cit.*, pp. 63-69.

(4) Frédéric MASSON, *Joséphine Impératrice et Reine*, p. 148 (d'après la duchesse d'Abrantès) : « Mme Ney est une jolie femme brune, un peu maigre, mais avec des yeux noirs superbes, une physionomie douce et spirituelle, des extrémités charmantes. »

culture des beaux-arts; [déjà éprouvée par les terribles crises de la Révolution], elle n'ambitionnait qu'une vie retirée, et paisible, craignant l'éclat et le grand monde, et me disait souvent lors de la subite élévation du général qui avait épousé sa mère : « Hélas ! cet homme est une comète, et nous sommes comparables à ces traînées de lumière qui suivent involontairement ces astres; où nous mènera-t-il ? » Pauvre jeune fille ! elle devait être conduite à franchir tous les rangs de la société pour tomber du plus haut point où l'on peut y atteindre, et ce qu'il y a eu de plus terrible pour son âme vraiment pure, elle était condamnée à supporter tous les traits de ces calomnies violentes et si multipliées quand les partis opposés se font la guerre. Hortense contribua au mariage d'Eglé avec le général Ney. Eglé balança quelque temps à donner son consentement à cette union, dans la crainte d'être la compagne d'un guerrier dont les jours seraient si souvent exposés.

Cependant cette haute bravoure, ce caractère franc et ouvert qui distinguaient le général lui avaient inspiré beaucoup d'estime. La demande de sa main était faite; Eglé avait supplié son père de lui accorder huit jours pour faire ses dernières réflexions; il y avait consenti, et il doutait encore du sentiment et de l'opinion de sa fille, lorsqu'un incident fort naturel décida la question. Un étranger qui dînait chez Auguié, parlait des hautes prouesses de Ney et citait que dans un engagement des plus vifs, ce brave général avait eu sept chevaux tués sous lui : « Que dites-vous, Monsieur ? reprit Eglé avec vivacité, il en a eu treize ». M. Auguié demanda à sa fille si cette exclamation était un consentement; elle rougit et se tut. Il lui demanda s'il pouvait aller le soir même faire part de son consentement à Mme Bonaparte qui s'était chargée de la demande du général. Elle ne s'y opposa pas, et leur hymen fut bientôt conclu. M. Auguié avait employé une partie des restes de sa fortune à l'acquisition [d'un domaine] d'une vaste demeure située à sept lieues de Paris. Cette terre s'appelle Grignon (1), et a été depuis vendue au maréchal Bessières. Là, se fit la première entrevue d'Eglé et du brave auquel elle

(1) C'est dans ces bâtiments qu'est installée l'Ecole nationale d'Agriculture.

allait unir sa destinée. Le général avait peu de fortune; il ne possédait en tout que le revenu de son grade militaire et quatre-vingt mille francs. M. Auguié donnait la même somme en dot à sa fille. Ainsi l'ambition des richesses ne détermina point ce mariage. L'usage en France prescrit aux hommes qui se marient d'offrir à leur prétendue, le jour où l'on signe le contrat, une corbeille qui contient des parures, des bijoux, des diamants. Je vois encore ce brave maréchal présentant cet hommage à sa chère Eglé : « Pour me conformer, lui dit-il, aux usages, je vous prie, Mademoiselle, d'accepter quelques parures qui pourront vous plaire. Vous ne trouverez dans cette corbeille ni perles ni diamants, mais je suis intimement convaincu que je vous plairai davantage ainsi qu'à vos respectables parents en vous disant qu'ayant commandé pendant plusieurs années les troupes légères qui ont pénétré dans toute l'Allemagne, j'aurais pu avoir beaucoup de ces choses brillantes à vous offrir, si j'avais pensé que mon épée dût me faire conquérir autre chose que de la gloire ». Il rendait justice à sa future ainsi qu'à tous les siens. La noce eut lieu quelques jours après au château de Grignon; il y eut peu de personnes invitées. Hortense, alors mariée à Louis Bonaparte, était la seule femme étrangère; les deux témoins d'Eglé étaient des amis particuliers de son père; hélas! un des deux était un commissaire ordonnateur des guerres nommé Villemanzi[1], sénateur sous le gouvernement impérial, pair de France sous le gouvernement royal, et qui *a voté la mort du brave maréchal*. La musique d'un des régiments[2] du général fut établie pendant une semaine au château de Grignon; le parc fut illuminé; tous les habitants des hameaux voisins furent admis à jouir de cette fête et furent traités pendant deux jours. Le général adorait sa jolie compagne; sa joie lui donnait un air radieux, mais combien il nous toucha lorsque le jour où la bénédiction nuptiale lui fut donnée dans la chapelle du château, nous le vîmes paraître conduisant un vieux berger et sa vieille épouse, qu'il avait découverts dans la ferme du

(1) Erreur, aucun témoin ou ami de ce nom ne figure sur l'acte de ce mariage. (E. H.). — Il s'agit de Villemanzy, ancien commissaire ordonnateur, inspecteur général aux revues; il devint pair de France. (*V.*)

(2) La musique du régiment (éd. HARLÉ).

vieux château et qui, à cette époque, avaient, selon l'usage des catholiques, à célébrer par une seconde noce la cinquantième année de leur union; il les avait l'un et l'autre complètement habillés selon la coutume de leur canton. Cette grosse et vieille paysanne agenouillée sur la même marche de l'autel où était l'élégante et jolie Eglé, faisait un contraste touchant, tandis que l'habit du vieux paysan placé à côté de l'uniforme éclatant du général en chef rappelait à la fois sa modeste origine et sa valeur (1). Peu de temps après ce mariage, il fut envoyé ambassadeur en Suisse; votre cousine l'y suivit. Son élévation devint plus grande lorsque le Premier Consul mit sur sa tête la couronne impériale. Le général fut fait maréchal de l'Empire, duc d'Elchingen, et par suite prince de la Moskowa. Sa femme fut successivement nommée dame du palais des deux impératrices; de grandes dotations lui furent données, mais ce brillant état exigeait de grandes dépenses, et pour fournir à cette représentation, les immenses revenus s'employaient comme les moindres. Les guerres se succédaient. Les campagnes d'Espagne et la funeste campagne de Russie coûtèrent six cent mille francs au maréchal. La terre des Coudreaux, situé sur la route de Tours, est le seul bien liquide qui reste à ses chers enfants; ils doivent le chérir; leur père ne se plaisait que dans cette retraite, et sa mémoire y est encore adorée : un trait le confirme de la manière la moins équivoque.

Au départ des troupes prussiennes qui en 1815 s'étaient emparées du château du maréchal, les soldats en démeublèrent les appartements en totalité; leurs fourgons étaient chargés de ce butin, lorsqu'ils reçurent l'ordre de leur chef de les employer à d'autres usages. [Alors ils mirent en vente sur la place de la ville de Châteaudun, qui n'est qu'à deux

(1) Dans le texte Harlé, quelques lignes sur la carrière de Ney. — Voci d'autres détails empruntés à une brochure de M. Risch, alors instituteur à Thiverval (où est Grignon), qui les devait à Mme d'Arjuzon : « Dans la soirée, une comédie de circonstance fut jouée par les deux sœurs de la mariée, Antoinette et Adèle, leur cousine Alexandrine Pannelier et le général Savary, sur un théâtre dressé au milieu d'un jardin anglais.... Sur l'invitation et sous la conduite d'un paysan, toute la noce se dirigea au fond des bois, vers une petite cabane où habitait une fort vieille femme qui, connaissant les secrets de l'avenir, prédit à tous bonheur, honneurs et prospérité. La diseuse de bonne aventure était Mme Campan; le paysan, Isabey, qui avait organisé la fête. La reine Hortense était parmi les invités. »

lieues des Coudreaux, tout le mobilier de vingt-quatre appartements de maîtres]. Ils offraient les meilleurs lits pour un écu de six francs et tous les autres objets à raison de ce vil prix. Personne dans toutes les classes de la population ne voulut acheter la moindre partie de cet immense mobilier. Un seul chaudron fut vendu, mais les habitants du lieu firent constater par un acte que cet acquéreur habitait un pays situé à plus de six lieues de la terre du maréchal. Les troupes parties, tout fut soigneusement réuni et renvoyé au château. Ma nièce ne perdit qu'un seul volume d'une fort belle bibliothèque. Ce trait fait autant d'honneur aux habitants [de cette province française] qu'à la mémoire du maréchal.

Une position des plus funestes et trop au-dessus des lumières politiques du brave Ney a creusé sous ses pas un abîme où il est tombé, mais sa gloire n'a pu s'y engloutir. Ney partit de Paris avec le ferme projet de rejeter Napoléon loin du sol de la France, parce qu'il croyait que son retour allait allumer la guerre civile dont le seul nom faisait frémir ce héros. Son élan, ses expressions en recevant l'ordre du roi, n'ont pas été telles qu'il a [été] convenu de les rapporter, mais ont été fortes et sincères. Ney a changé d'opinion quand il a vu des peuplades entières accourir sur les pas de Napoléon, quand il a su que le frère du roi et le maréchal Macdonald avaient quitté Lyon, l'armée ne voulant plus obéir au prince et au général; son changement de conduite a été confirmé quand les paysans lui enlevèrent dix pièces de canon qui étaient la seule artillerie de son corps d'armée. Enfin, quand il a su que déjà vingt mille soldats étaient réunis aux aigles impériales sous les ordres de Napoléon et qu'il l'avait dépassé de 40 lieues sur la route de Paris, alors cette même horreur pour la guerre civile, ce même amour pour le sol de la patrie, cette opinion qu'il fallait la défendre en se réunissant à celui qui était le chef voulu par la loi ou par le vœu public, le décidèrent à suivre Napoléon et à se réunir à lui (1).

(1) « Une âme dont les premiers élans avaient été pour les vertus républicaines et pour l'amour de la France ne put se plier aux mesures de la politique des vieux gouvernements et au renversement de cette gloire nationale à laquelle il avait lui-même concouru. » (*Texte Harlé*). — M. Harlé a reproduit, en appendice, 8 pages de Mme Campan intitulées : *Quelques particularités de la vie du maréchal Ney*, ainsi qu'un manuscrit du général d'Hautpoul : *Retraite du maréchal Ney de Smolensk à Orza en 1812*, enfin, de Mme Gamot, la *Dernière entrevue du maréchal et de la maréchale Ney le 7 décembre 1815*.

Il le rejoignit à Auxerre, à l'hôtel de la préfecture où était Gamot, beau-frère du maréchal. Là, il remit à Napoléon une déclaration dont les premiers mots portaient : « Je suis votre prisonnier plutôt que votre partisan, si vous continuez à gouverner tyranniquement [etc., etc.] ». M. Gamot a entendu le maréchal lire cette singulière protestation avant de la remettre à Napoléon ; malheureusement, il n'en fut gardé [1] ni minute ni copie ; cette pièce eût figuré noblement dans le procès du brave. Napoléon en fit lecture, et, avec un air calme que le pouvoir suprême enseigne si bien à adopter, il déchira ce papier en petits morceaux, et dit seulement : « Le brave Ney est fou ».

Une sincérité impolitiquement combinée a dirigé toutes les actions de ce brave si respectable et si généralement regretté. Sa conduite l'aurait privé de toute faveur auprès de l'Empereur et l'a fait succomber sous les Bourbons [2].

Ces lignes [que je viens de tracer] ont cela d'intéressant qu'elles sont le fidèle récit de l'entretien que j'ai eu avec le maréchal dans sa prison de la Conciergerie. Il comptait beaucoup sur la valeur du traité de Paris qui portait oubli et pardon des délits militaires et civils. Il se trompait !

Après cette fin tragique et généralement déplorée, la malheureuse femme du maréchal ne pouvait supporter la vie à Paris ni même à sa terre ; ses enfants qui par la vivacité de leur caractère avaient besoin de l'éducation publique, auraient amené des sujets de rixes dans nos collèges, où les écoliers, par suite des opinions paternelles, étaient divisés dans leurs sentiments sur les vertus ou les torts du brave Ney. La maréchale a donc pris le parti de se transporter à Lucques [en Italie], où il existe encore un lycée organisé selon les lois de ceux que Napoléon avait fondés. Ses trois fils aînés s'y distinguent ; le quatrième, encore enfant, est resté avec elle. Nous attendons le moment qui la ramènera parmi nous [la sagesse d'un gouvernement vraiment constitutionnel devant écarter loin d'elle les préventions et les désagréments que le malheureux sort de son brave mari lui faisait éprouver]. Ses

(1) Il n'en fit ni minute ni copie (éd. HARLÉ).

(2) Sur ces questions, nous ne pouvons que renvoyer au livre de M. WELSCHINGER, *Le Maréchal Ney en 1815*.

quatre fils se nomment : Léon, il est âgé de quinze ans; Aloys, il en a treize; Eugène est dans sa douzième année; Edgard a sept ans (1).

Adèle Auguié (2).

Mariée au général de Broc, grand maréchal du Palais du roi de Hollande.

« Adèle Auguié, ma nièce et ma filleule, fut remise entre mes bras par sa malheureuse mère au moment où elle s'enfuyait de Coubertin, lorsque les gens d'armes vinrent pour l'y enlever : « Ma sœur, me dit-elle, si tu te sauves de la mort qui nous menace, celle-ci est ta fille ». Adèle avait alors huit ans ; elle ne me quitta plus ».

Elle devint une des plus brillantes élèves du pensionnat de Saint-Germain. Un jour, dans une de ces représentations où se pressait la plus haute société, elle joua dans la perfection le rôle d'Esther (3). Elle épousa le général de Broc, qui mourut en 1809. Après un an du veuvage le plus austère, elle reparut auprès de la reine Hortense, qui se l'était attachée comme dame du Palais. Sa vie, sans que l'on se doutât, était double ; sa matinée était réservée aux pauvres et à des charités secrètes ; le reste de la journée était consacré à ses devoirs de cour : « souvent elle conduisait avec la reine Hortense les plus brillants quadrilles ».

« Adèle l'avait accompagnée dans une promenade aux environs des eaux d'Aix en Savoie; elle eut à passer sur une planche très courte qui traversait au-dessus d'un torrent, un peu de mousse fit glisser son pied; elle s'abîma dans une partie creusée d'où elle se retira sans vie !

« Par la tendresse et les soins de la reine Hortense, les restes de cet être précieux furent embaumés et transportés à Saint-

(1) Après sa rentrée en France, la maréchale épousa Jules de Résigny, qui devint plus tard général. Ce mariage avait été purement religieux, car, par un mariage civil, elle aurait perdu ses titres. Ses enfants et petits-enfants ont contracté les plus belles alliances avec les familles Bibesco, Masséna, Laffitte, Murat, Bonaparte, etc.

(2) Ed. Harlé, *op. cit.*, pp. 70-74.

(3) « On eut pour l'*Esther* de Racine jouée à Saint-Germain un enthousiasme semblable à celui qu'elle inspira du temps de Racine; tout ce qui était en France voulut y assister; la salle était très petite; je ne savais comment satisfaire les demandes de ces curieux. Le roi des Pays-Bas, le grand-duc de Bade, le prince royal de Bavière, des cardinaux romains, tous les ambassadeurs des puissances étrangères, le Premier Consul, sa famille, ses ministres, voulurent y assister. Cette fête n'eut lieu que deux années de suite, au temps du carnaval. » (Mme *Campan*).

Leu, dans la vallée de Montmorency, où sa fidèle et inconsolable amie fit ériger un monument que ses vertus doivent à jamais faire respecter. A l'endroit où cet ange disparut de la terre, la reine Hortense a fait construire un pont en pierre où se lit une touchante inscription. Elle a fait aussi une fondation pour les pauvres malades dont Adèle prenait soin toutes les fois qu'elle suivait la princesse à ces funestes eaux [1] ».

Sophie Genet [2].

Mariée à Lucien Pannelier.

« Fort jeune encore, elle éprouva les plus cruels revers de la fortune; mariée au fils d'un homme qui possédait des millions en superbes terres, elle a vu tomber cette fortune dès les premières années de son mariage. D'imprudentes entreprises amenèrent la faillite de la maison Pannelier... La Révolution vint consommer cette ruine ». Sophie avait épousé en 1781 Antoine-Lucien Pannelier, qualifié de receveur des domaines et bois du Roi. Mme Campan ne dit rien de ce ménage. Mme Pannelier eut deux enfants, Alexandrine et Louis-Lucien; celui-ci mourut en 1802, dans l'expédition de Saint-Domingue, où il avait accompagné le général Leclerc comme secrétaire. Pour consoler et distraire sa belle-sœur, le maréchal Ney, alors ambassadeur en Suisse, la fit venir auprès de lui avec sa fille. M. Lambert, « commissaire ordonnateur d'une armée de quarante mille hommes, dont Ney avait le commandement, et qui appuyait en Suisse l'ambassade du général, vit Alexandrine, se fit agréer, et l'épousa ». Au moment où Mme Campan écrivait ses notes, Lucien Pannelier vivait encore. Il semble, nous ne savons pour quelles raisons, qu'on le tenait à l'écart : « Il vit des secours des siens, mais point dans la maison de M. Lambert, qui, en se mariant, a seulement contracté l'engagement de recevoir sa belle-mère ».

(1) Cf. P.-L. COURIER, *Lettres écrites de France et d'Italie* : « Saint-Prix (près de Saint-Leu), le 30 juillet 1813... Je trouve ici dans mon voisinage un sujet de panégyrique admirable, une madame de Broc ou du Broc, tombée dans un trou à la suite de la reine de Hollande. Lis un peu la gazette; on ne parle d'autre chose. Eh bien ! cette dame de Broc, on l'enterre à ma porte... Elle avait du mérite, beaucoup même, si l'on m'a dit vrai. A vingt-cinq ans, belle comme un ange, elle dépensait en aumônes la moitié de son revenu, ne voulait ni parures, ni diamants. Veuve depuis deux ans, c'était une Artémise. Nulle idée de se remarier; pas l'ombre d'un galant. On l'adorait; jeunes ou vieux, pauvres et riches, tout le monde l'aimait. »

(2) Ed. HARLÉ, *op. cit.*, pp. 75-77.

Edmond Genet [1].

Mestre de camp de cavalerie, ambassadeur de la République française auprès des Etats-Unis.

Dès que l'enfant eut atteint sa septième année, son père lui donna deux maîtres, un Suédois et un Italien, qui lui apprirent la langue de leur pays. A douze ans, il traduisit du suédois en français l'histoire du règne d'Erich XIV, roi de Suède [2]. Gustave III lui fit remettre par le comte de Vergennes, ministre des Affaires étrangères, une belle médaille d'or avec une lettre très flatteuse. Edmond devint bon musicien; il excellait aussi dans l'équitation, les armes et la danse. A seize ans, il fut pourvu d'une sous-lieutenance dans un régiment de dragons.

« Voulant faire voyager mon frère dans les cours de l'Europe, mon père avait pensé que l'uniforme français lui fournissait partout le costume le plus noble et le moins dispendieux. Il commença cependant son cours de voyage par un séjour assez long dans l'Université de Gœttingue. Il se rendit ensuite à Berlin, où le grand Frédéric lui donna des témoignages de bienveillance. Il avait séjourné, avant de partir pour l'Allemagne, dans un port de France, puis dans une grande maison de commerce à Nantes... A dix-huit ans, Edmont Genet était employé dans le secrétariat du baron de Breteuil à Vienne, et lui avait inspiré un véritable intérêt, non seulement pour les connaissances que déjà on remarquait en lui, mais par son excellente tenue et la régularité de sa conduite. Ce fut cet ambassadeur qui voulut le ramener à sa famille pour y passer quelque temps, et qui, par cette attention, lui procura le bonheur de revoir ce père si chéri, et la douloureuse consolation d'avoir recueilli ses derniers soupirs. Le retour de mon frère à Versailles, son excellente réputation, décidèrent le ministre et le Roi à lui conserver, à peine âgé de dix-neuf ans, le poste intéressant que mon père exerçait dans les divers départements des affaires étrangères, de la guerre et de la marine; ses honoraires étaient de quarante mille livres ». A la suite de grandes réformes dans les ministères, le bureau d'Edmond Genet fut supprimé : « Un traitement de douze mille livres lui fut conservé, et il partit pour la cour de Saint-Pétersbourg en qualité de premier secrétaire de cette

(1) Ed Harlé, *op. cit.*, pp. 84-105.

(2) Il en avait en réalité quatorze, l'ouvrage ayant paru en 1777. — Des trois exemplaires de la Bibliothèque nationale, un est relié aux armes de la Reine, l'autre aux armes de la comtesse d'Artois: — Genet a aussi traduit Olarus Celsius, *Recherches sur l'ancienneté du peuple finnois*, Strasbourg, 1778. *(V.)*

ambassade, alors confiée au comte de Ségur. Mon frère plut fort dans cette cour, où, bientôt devenu chargé des affaires de France, les désastres de notre Révolution vinrent l'atteindre.

Avant la suppression de son bureau, Genet avait été envoyé à Londres avec le titre de premier secrétaire d'ambassade à l'époque du traité de 1783. Vingt ans avant, pour la paix signée en 1763, son père avait eu une semblable mission en Angleterre.

En se rendant en Russie, votre père séjourna quelque temps à Varsovie. Il y fut présenté à Poniatowski, encore roi de Pologne, mais assis sur un trône prêt à s'écrouler...

Ce qui est relatif à la destinée de votre vertueux père, à sa translation en Amérique, où il est devenu chef de famille, tient si directement aux événements de la fin du dernier siècle que je suis contrainte de vous en donner rapidement un aperçu général... ».

Dans ses dernières pages intitulées : *Quelques réflexions sur les causes de la Révolution française*, Mme Campan trace un rapide tableau historique. Nous nous contenterons d'y glaner quelques faits intéressant la carrière de son frère.

« Votre père se conduisit en Russie avec toute la dignité d'un brave Français. En 1791, après l'arrestation du Roi sur la route de Varennes, Catherine II lui fit notifier en audience publique l'injonction de se retirer du rang des ministres des cours étrangères comme représentant un roi prisonnier. De sa place, Genet protesta hautement contre la notification de cette souveraine, alléguant que ses lettres de créance n'étaient point retirées... Il se retira dans son hôtel, et y passa près d'une année sans communiquer avec les gens de la cour de Catherine, ni avec aucun habitant de Saint-Pétersbourg... (1).

(1) Le *Moniteur* confirme ces détails. En 1791, Genet reçoit l'ordre de ne plus paraître à la Cour; en 1792, il n'est plus reconnu de l'Impératrice. Il remplace Maulde comme ministre en Hollande; puis il est envoyé en Amérique; il est, dit-il, bien accueilli et il reçoit les félicitations des habitants de Philadelphie. Il est dénoncé aux Jacobins comme étant brouillé avec Washington. En l'an II, il écrit contre l'acte par lequel ce dernier refuse de reconnaître le vice-consul français. Voici ce que dit à son sujet MOREAU dans l'ouvrage cité plus haut, pour montrer combien la Révolution a troublé de cerveaux : « Ce Genest (Edme-Jacques), le plus laborieux des instituteurs d'une famille originairement très chrétienne et très fidèlement royaliste, ce Genest, qui, lorsque je travaillais à l'*Observateur hollandais*, avait ordre de traduire pour moi les papiers anglais dont j'avais besoin, ce Genest, dont j'appelais la fille aînée ma *Calliope*, n'a laissé qu'un fils, prodige de science, et qui, sous l'ancien régime, eût pu aspirer à tout, eh bien ! ce frère unique de Mme Campan et de ses trois sœurs, s'est montré en Russie, où il était employé comme secrétaire d'ambassade, l'ennemi le plus acharné des rois de l'Europe. Il est actuellement ministre de la République française près les Etats-Unis d'Amérique, et à Versailles, où il s'était arrêté avant de s'embarquer, il débitait avec

A son retour qui eut lieu au mois d'octobre 1792, il fut reçu à Paris par le conseil du Gouvernement avec les témoignages les plus honorables pour la fermeté de ses principes constitutionnels; on le jugea digne de représenter la République française chez un peuple libre.

Brissot et ses collègues furent principalement inculpés d'avoir fait nommer le ministre Genet à l'ambassade de France auprès

autant de folie que d'insolence que la vue d'un roi lui faisait horreur. Sa sœur aînée à qui j'ai rappelé ce propos ne l'a point nié; sans entreprendre de l'excuser, elle m'a répété ce fait que le petit Genest lui avait dit pour se justifier : « Je sais bien dans quel vaisseau je devrais être mais je l'ai vu faire naufrage; il était impossible qu'il se sauvât, et je n'ai pas eu le courage d'y rester. Blâmez-m'en, si vous l'osez; quant à moi, je louerai tous ceux qui en ont fait autant que moi ». Les instructions qu'il reçoit lui donnent le titre d'adjudant général, colonel. (*V.*). — Il se fixa aux Etats-Unis, et, l'année suivante, il épousa une fille du général Georges Clinton, qui fut gouverneur de l'Etat de New-York et deux fois vice-président de la République. De ce mariage et de celui, en secondes noces, avec une fille du colonel Samuel Osgood qui fut maître général des Postes, il est résulté une nombreuse descendance qui perpétue son nom aux Etats-Unis. Naturalisé citoyen des Etats-Unis, il vécut, depuis 1800, sur une ferme, à Greenbush sur l'Hudson, près d'Albany. Il y est mort en 1834, dans une situation de fortune des plus modestes.

Après la chute des Bourbons, il demanda une indemnité pour ses fonctions passagères et une pension. Casimir Périer lui répondit que les lois ne permettaient pas de donner suite à sa requête; quant à la décoration qu'il sollicitait, il lui promettait sa bienveillance. Si on ne le replaçait comme ministre, ajoute Genet, il accepterait la place de consul général ou même celle de simple consul à New-York. — M. Harlé a résumé l'histoire de sa mission, et Genet lui-même a donné sa *Correspondance diplomatique* du 22 mai au 9 novembre 1793, 32 pages in-8°. — En deux mots, il devait, d'après ses instructions, amener le gouvernement des Etats-Unis à déclarer la guerre à l'Angleterre. Washington ne s'étant pas laissé persuader, il passa à l'opposition et attaqua violemment Washington, lequel exigea son rappel. « Le gouvernement français envoya un vaisseau portant le successeur de Genet; il avait ordre de faire saisir ce dernier et de le faire pendre aux vergues, aux yeux de la population américaine, mais Washington refusa de le livrer ». En Amérique et en France, cette mission a été l'objet de plusieurs travaux; nous n'en citerons que deux : *Les Girondins et Louis XVI; la mission de Genet en Amérique, extraits des mémoires de Genet par M.-D.-C.*, dans la *Revue hebdomadaire*, 9 juin 1900. (Moncure-Daniel CONWAY, auteur de cet article et propriétaire de beaucoup de documents originaux, annonçait un ouvrage plus complet. Malheureusement, il est mort en 1910.); *Les Etats-Unis et la Révolution française*, par Alphonse BERTRAND, *Revue des Deux-Mondes*, 15 mai 1906 (E. HARLÉ).

M. Jusserand, ambassadeur de la République française auprès des Etats-Unis, dans son livre : *En Amérique, Hier et Aujourd'hui* (Hachette, 1920, in-12), consacre quelques pages piquantes au citoyen Genet. On y voit combien ce jeune ministre était imprudent et même audacieux — il se permettait d'armer des vaisseaux dont un portait son nom — quelles sociétés il fréquentait et ce qu'il faut penser de l'accueil qui lui était fait ainsi que des dépêches enthousiastes qu'il envoyait en France.

M. Jusserand parle, comme appartenant à la collection Dejean, de lettres écrites à Edmond Genet par son père : de Versailles, celui-ci écrivait régulièrement à son fils quand il terminait ses études à Paris; de loin, il le dirigeait. — Nous n'avons pu obtenir communication de cette correspondance.

de votre gouvernement. On osa même, en désavouant toutes les instructions qui lui avaient été données à l'époque de sa nomination, accuser Genet d'avoir servi Pitt, le plus terrible ennemi de la France républicaine, en alarmant le Congrès par la démonstration de principes républicains qui pouvaient, à leur détriment, entraîner les Américains dans la cause des patriotes français; ils traitèrent de criminel d'Etat le citoyen français le plus zélé, le plus généreux, et son rappel et son supplice furent en même temps publiés ».

***

« Ces lignes dictées par le plus pur sentiment seront lues avec intérêt par les fils et les petit-fils de mon estimable frère et rappelleront à leur souvenir le nom de leur tendre bonne tante ». Tels sont les derniers mots de Mme Campan. Cet intérêt que ses nièces durent trouver à ces notices, nous l'avons partagé, et nos lecteurs, sans doute, le partageront avec nous.

G. V.

(1) « Le 16 avril 1917, était tué à Ham, dans la Somme, un aviateur américain, de l'escadrille La Fayette. Les Etats-Unis venaient de déclarer la guerre à l'Allemagne. L'escadrille La Fayette avait aussitôt arboré le pavillon étoilé. Cet aviateur, le premier des Etats-Unis qui soit tombé sous les couleurs de son pays dans la Grande Guerre, c'était un cousin des frères Harlé : il s'appelait Edmond-Charles Clinton-Genet, et descendait en droite ligne d'Edmond-Charles, le ministre de la République française ». Ses dernières lettres de guerre ont été publiées dans une revue de New-York, *Scribner's Magazine*, mai 1918, sous le titre de *War letters* of Edmond GENET, *the first american aviator killed flying the Stars and Stripes*. Toutes ces lettres sont, à la présente date, réunies et publiées en un volume. Entre autres illustrations, cette revue donne le portrait du ministre, le *Citizen* Genet, comme on l'appelle là-bas — belle et spirituelle figure — et celui de l'aviateur, jeune homme bien campé, à la physionomie à la fois énergique et sympathique. — En septembre 1922, le frère de celui-ci, Rivers Genet, a succombé à une affection de poitrine contractée pendant la guerre. (*V.*).

IMP. OBERTHUR, RENNES-PARIS
(5295-24).

www.ingramcontent.com/pod-product-compliance
Ingram Content Group UK Ltd.
Pitfield, Milton Keynes, MK11 3LW, UK
UKHW021945260726
13994UKWH00004B/1538

9 782329 207902